U0041805

達賴喇嘛 禪思365

作者：達賴喇嘛　譯者：黃馨慧

365 méditations quotidiennes du DALAÏ-LAMA

馬修・李卡德（Matthieu Ricard）／法文版審閱
克里斯昂・布魯亞（Christian Bruyat）／法譯（譯自藏文）

目　　錄

I

關於生命本質的禪思

良知告訴我們，人的一生很短暫，所以應該趁著我們在
這個世上的短暫過程裏，作一些對自己和對別人有用的
事情。

2

身為一個人，除非是在某種心理機能上有遲緩的現象，否則我們的潛力都是一樣的。人類的大腦很奇妙，我們的力量和未來都根源於此，但願大家都能夠善加利用。如果人那神奇的精神力量被用壞了，就會招致災難性的後果。

3

我相信這個地球上有感覺的生物裏，人類算是最發達的
了。人不只有能力讓自己活得快樂，也能夠幫助別人。
我們有一種天生的創造力，對這點有所覺悟非常重要。

4

矛盾的是，我們不能夠光對自己有用，卻對別人一點用
處也沒有。無論我們願不願意，我們彼此都是有關的，
所以只成就一己的幸福，是根本沒有辦法想像的事情。
那些只管自己的人，到頭來一定會嘗到苦果；那些一心
為別人的人，在對自己好卻渾然不覺。就算我們決定自
掃門前雪，也要自私得聰明一點：要幫助別人！

5

一般來說，我們沒有辦法分辨什麼是基本、什麼是次要。我們把生命都花在四處追逐一些轉眼即逝的樂趣上，然後永遠不會滿足。我們會想盡辦法要快樂，卻不會去問在這過程中是不是有人會因此而受苦；我們會不惜任何代價，只為了累積，或維護所擁有的那些既不能長久，也不是真正幸福泉源的東西。

6

我們的精神裏，住著憤怒、忌妒和其他各種負面的情緒，卻不知道這些情緒和喜悅，以及內心的平和，其實是不能相容的。人類特有的聰明才智，我們只是拿來謀略，來損人利己；到最後，不但沒有辦法脫離苦海，甚至還會毫無理性地認為一切都是別人的錯。

讓我們好好地運用人類的聰明才智。不然,我們有什麼
是比動物高明的呢?

8

如果我們想要快樂起來，並且真正地賦予我們的生命一個意義，那麼就從健康的思考方式做起吧。讓我們來耕耘那些人皆有之，卻一直被混淆的思想和被負面情感所遮蔽的善性。

9

讓我們來耕耘愛和慈悲，這兩樣是可以真正賦予生命意
義的東西，其餘都是次要的。這個比起佛教，才是我更
要宣揚的宗教。它很簡單，它的廟宇就是我們的心，它
的教義是愛和慈悲，它的道德原則是要敬人愛人——不
管對方是怎麼樣的人。如果我們想在這個世界上生存下
去的話，我們只能選擇當它的出家或在家人。

10

善良，坦白，積極的思想，原諒那些對不起我們的人，對待每個人都像朋友，幫助那些受苦的人，絕不自命高人一等──儘管這些建議看起來都太簡單，但是不妨看看把它們付諸實行之後，會不會讓你更加快樂。

11

不須深思熟慮就可以發現，萬物的本性都是趨樂避苦。哪怕是一隻小蟲子，也會千方百計要逃離苦難，享受安逸。人類還多了一項思考的能力，我覺得最重要的，就是要把這種能力用到好的方面去。

12

樂和苦都是基於感官知覺和內在的滿足。對我們來說，最重要的是內在的滿足，它是人類特有的，除了少數例外，一般動物是辦不到的。

13

這樣的滿足，它的特徵就是和平，它的活泉源頭在於慷慨、誠實和那個我稱之為道德行為者，也就是一種尊重別人也有快樂權利的行為。

14

我們有很大一部分的痛苦，來自於想太多；不但想太多，而且還是用一種不健康的方式。我們只專注在自己即時的滿足上，不會把眼光放長遠，去想到對自己和對別人有什麼好處和壞處。因此，這樣的一種態度，到頭來受害的還是我們自己。只要我們改變對事情的看法，不但可以減少眼前所遭遇的困難，還可以避免製造出新的問題。

15

有些痛苦，像生、老、病、死，是沒有辦法避免的。我們唯一能夠做的，就是減少這些痛苦在內心所引起的恐懼。這個世界上有很多問題，從夫妻間的爭吵，一直到最具毀滅性的戰爭，只要用一種健康的態度，都是可以避免的。

16

如果我們的想法不正確；如果我們的眼光太短淺，用的
方法沒有深度；如果我們面對事情的時候，胸襟沒有辦
法開放寬鬆，本來沒什麼的小問題，就會被我們變成天
大的困難。換句話說，我們有一大部分的痛苦，都是自
己製造出來的。這個就是我首先想要說的。

17

無論是在我們的難民學校裏，還是偶爾在我到印度或外國的訪問行程裏，我總是很高興和一些年輕人見面。他們很直接、很誠懇，精神比起大人來，更開放、更柔軟。我每次見到一個孩子，打從心底起來的第一個想法，就是他是我自己的小孩，或是一個我應該要用愛來好好照顧他的老朋友。

18

對孩子們，最重要的是確保他們能夠接收到完整的教育
——這裏的教育是就最廣泛的定義來說的，從知識的獲
取一直到基本人格的發展。人生的基礎，是在童年的時
候立下的。在這非常關鍵的幾年內，我們學到的思考方
式，會深刻地影響到我們的一生——就好比食物和衛生
習慣關係到我們將來的健康一樣。

19

年輕人如果在他們的學業上沒有盡到全力，以後就很難彌補了。我自己就可以印證這點。從前我有時候也會對功課不感興趣而偷懶，結果，我一直後悔到現在，我老是跟自己說，我當年錯過了某些東西。根據這樣的經驗，我奉勸年輕人，要把就學期間當成自己人生中一個關鍵性的時刻。

20

從孩提的時代開始，就要學會怎麼和別人相處，怎麼互助合作。小爭執和小衝突雖然沒有辦法避免，但是，重要的是養成既往不咎、不記恨在心的習慣。

21

大家可能以為，小孩子不會想到像死亡這樣嚴肅的事情。可是當我聽到了他們發出的疑問之後，我發現他們常常會去思考一些很嚴重的問題，特別是人死了以後會怎麼樣。

22

人的聰明才智，會在童年時漸漸綻放，腦子裏會充滿各式各樣的疑問。這種強烈認識的慾望，正是人格充分發展的基礎。我們對這個世間愈是感到興趣，愈是去尋求事物的為什麼和怎麼樣，我們的意識就愈清明，創造力會愈發達。

23

在我們現代社會裏，我們有一種傾向，就是去忽略那些
我所謂的人類與生俱來的優點：善良、同理心、理解
力、寬容的精神。孩提時代，我們很容易和別人建立關
係，只要能夠玩在一起，就可以變成朋友，不會想要去
問對方的種族或職業。重要的是他跟我們一樣是一個
人，重要的是彼此能夠建立起連繫。

24

隨著年紀愈大，我們對情感、對友誼或對互助合作就愈不重視，重點成了什麼種族、什麼宗教和什麼國籍。我們把最緊要的拋卻腦後，然後去在乎那些最微不足道的事情。

25

這就是為什麼我會要求那些已經到了十五、六歲的人，不要任由他們那些孩童的清新氣質就這樣銷聲匿跡，反而是要給它留上一個好位子。要時常去思考人類的內在特質是什麼，好好利用這些特質，來獲取一種對於你們本性的堅定信心，來找到你們內在的安定。及早體認到人生不是一件容易的事，是很重要的。如果想要好好地過這一生，不會因為碰到困難就退縮，就非得獲取一種內在的力量不可。

26

今天，我們認為個人主義非常重要，每個人都可以有自己的看法，不必去將就社會或傳統規定的價值。這是一件好事。不過，換個角度說，我們也只能接收從外面來的訊息——透過各種媒體，特別是網路——這些訊息成了我們唯一的參考、唯一的靈感來源。這樣地過度依賴，讓我們沒有辦法自立自強，沒有辦法信賴自己的優點，因而對我們真正的本性失去信心。

27

我覺得一個人能不能成功，自信以及自立自強的能力是關鍵所在。我不是指一種愚昧的天不怕地不怕，而是對我們的內在潛能有所意識，並且確認我們可以一直自我改善、修正，讓自己更豐富，而且沒有什麼是沒有辦法補救的。

28

媒體都喜歡報導竊盜、犯罪以及基於貪婪或仇恨所做出來的行為。然而，我們不能說，在這個世界上都沒有源於人性光輝的高尚事情發生。難道那些病人、孤兒、老人或殘障人，都沒有人在照顧他們，而且會不求回報？難道都沒有人是依據對眾生的愛在行動的？其實這種人很多，只不過我們已經習慣把這個當成是一種很正常的事情罷了。

29

我非常確信，我們打從內心最深處就天生不喜歡殺戮、強暴、偷盜、說謊或去做一些其他不正當行為。我相信，我們所有的人都有能力去愛和發揮同理心。大家沒有發現，那種當下自發的情感，從一出生開始，就在我們的生命中佔有多麼重要的地位。沒有它，我們早就不在這個人世間了。你們看看，當我們覺得四周的人都很愛我們，當我們自己體認到愛的時候，感覺有多好；相反地，當我們充滿憤怒和怨恨的時候，我們內心又有多不好受。

30

愛的思想和行動，很明顯地對我們的身心健康有益，它
們和我們真正的本性是相符的；相反地，暴戾、殘酷和
怨忿的舉止，會讓我們嚇一跳。這就是為什麼我們覺得
有必要拿出來說，把它們當成報紙的頭條。問題就是，
這樣一點一滴，偷天換日，最後會讓我們以為人的天性
是不好的。也許有一天我們會說，人類再也沒有任何希
望了。

所以我覺得一定要跟年輕人講，認清你們內在那些與生俱來的人類善性，用這個作基礎，建立起一種不滅的自信——要知道你們是靠著自己的雙腳站起來的！

32

有些年輕人，在不曉得自己要什麼的情況下，開始了他們的人生。他們從事一項職業，覺得不合胃口，就請辭求去，找到另外一件工作，又一樣待不住。最後乾脆什麼都放棄，對自己說他什麼都不感興趣。

如果你是這樣的情況，要曉得，沒有任何人生是從來不會遭遇困難的，不要去奢望你有天會突然做什麼都成功、所有的問題都會奇蹟似的消失無蹤。

33

完成學業後，如果你開始去找工作，除了要考慮到你的個性、你的學識和能力、你的興趣，也許也要考慮到你的家庭、你的朋友和四周圍的人。也許，去從事一項你的周圍已經有人在做的行業是不錯的，這樣他們的建議和經驗，就能夠讓你從中受益。把所有的指標都納入考量，想想看什麼樣的可能性最適合你的情況，然後做出一個選擇。一旦做出了選擇，就要堅持下去，即使碰到了問題，也一定要想辦法克服；要對自己有信心，把你所有的精力都發揮出來。

34

如果你以為那些等著你去做的工作，就像一盤一盤淺嘗即止的菜餚，那你成功的機會會很渺茫。要告訴自己，總有一天得下定決定，而且在這個世界上，沒有一樣事情是一點缺點也沒有的。

35

我有時候會覺得，我們大家的行為就像一些被寵壞的孩子一樣。我們還小的時候，完全要依賴我們的父母；之後到學校去接受教育，也管吃管穿，也就是繼續靠別人來解決我們的問題；當我們終於能夠自力更生扛起自己的擔子的時候，我們又覺得一切都應該要輕而易舉才對！這種態度和現實大相逕庭。在這個世界上，所有的眾生都會遇到困難，沒有例外。

36

我們從事職業，既是一種賺取生活所需的手段，也是為了對我們所依賴的社會做出貢獻。再說，社會和我們之間有一種互動關係，如果社會繁榮，我們就有利；社會出了狀況，我們跟著遭殃。我們佛教徒也會對我們周遭的社群產生影響力，然後擴及整個人類。

37

如果你們那個地方上的人在經濟上都很有發展，那麼這樣的繁榮一定會對整個國家有所好處。所以說，法國經濟關係到歐洲經濟，歐洲經濟又關係全世界的經濟。現今世界上的各個現代社會，彼此都很需要對方，而每一個人的行徑，則會影響到所有人的所作所為──我認為要對這點有所意識是絕對必要的。

38

當我說到一個社會的完善健全，會在我們每個人身上反映出來時，並不是在暗示大家要犧牲個人的快樂來成就團體的幸福，我只是在說這兩者是密不可分的。我們這個時代的人，認為社會和個人的命運是兩回事，重要的是個人，而不是社群；但是如果我們把眼界放寬一點，會發現，就長遠來說，這樣的態度並沒有意義。

39

人類的幸和不幸，並不是光靠感官的滿足而已，這裏頭
尤其還有一種心靈的成分。別忘了，就算你擁有一棟裏
頭一應俱全的漂亮房子，車庫裏有一輛豪華轎車，銀行
裏有存款，社會地位高尚並且受到眾人的尊敬，也不能
保證你就會同樣地快樂。就算你是億萬富翁，幸福是不
是就會自動到來？這點很值得懷疑。

40

一幅畫或一首音樂作品能夠帶來的深刻喜悅，證明了人類有多麼需要那種內在的滿足。這樣的滿足，和感官刺激或物質擁有所帶來的較低級的快樂，恰好相反。

然而，這一種滿足裏的一大部分，還是基於聽覺和視覺的感知，因此還是只能提供一種暫時的舒適，基本上和吸毒其實也沒有什麼不同，從美術館或音樂廳裏出來之後，藝術帶來的滿足就停止了，取而代之的是再來一遍的渴望。這樣，人永遠沒有辦法達成內在真正的快樂。

41

最重要的是內在的滿足。不要自願放棄那些最基本的需求，我們每個人都有要求最低標準的權利。我們不能沒有這些，所以應該保障人人都可以獲取。就這點來看，如果必須抗議，那就去抗議；如果必須罷工，那就罷工。但是不要走極端。如果我們的內在從來就沒有滿足過，總是要求更多的話，我們是不會快樂的，因為人生中總是會缺個什麼東西。

42

內在的快樂不會任由物質環境或感官的享受來擺布，它的根源，就在我們自己的心裏頭。我們首先一定要認識到這種快樂的重要性。

當我們老的時候，如果還沒有任何宗教信仰，重要的還是要認清那些基本的痛苦，像生、老、病、死，都是人生中所沒有辦法避免的部分。從我們出生的那一刻開始，我們就不能避免衰老和死亡，就因為這樣，所以去想說這真是不公平、不應該這樣，一點用處也沒有。

44

根據佛教的說法，人之所以能夠長壽，要歸因於他過去的功德。就算你不是佛教徒，也請想想那些年紀輕輕就夭折的人，並慶幸自己能夠享有長長的一輩子。

45

如果你前半生過得很充實，那就記住你在這段時間帶給社會的貢獻，你曾經很認真地做了一件有用的工作。所以，現在你沒有什麼好後悔的。

46

如果你有宗教信仰，那就根據你的信仰去祈禱或打坐。
如果你也有顆清明的心，那麼就想想看，其實生、老、
病、死都是所有人生中的一部分，是沒有辦法避免的。
認清這一點，完全地接受它，能夠讓我們比較心平氣和
的老去。

47

我快要六十七歲了，如果我內心深處，有時也沒有辦法接受這麼多年下來自己身體已經衰老的話，我一定會難以接受我目前的狀況。當你老了，要意識這背後究竟意味著什麼，不要欺騙自己，試著從中得出最好的結果。

48

想想看，你能夠為這個你還須倚仗它的社會做些什麼。
憑你所累積的那些知識，你一定可以比那些不像你活這
麼久的人來得有用。把你的故事講給你的親朋好友聽，
和他們分享你的經驗。如果你喜歡和孫子們作伴、照顧
他們，別忘了參與他們的教育，把你的學問傳授給他
們。千萬不要像那些一天到晚抱怨、吵架的老人，不要
在這上頭浪費你的精力，這樣會沒有人喜歡你，你的老
年生活會變得非常難過。

II

關於日常生活的禪思

男性和女性的生理構造當然不一樣，因此會招致在情感
層面上的若干不同。然而兩者在思考事情的方式、感覺
和人格各方面，在根本上是一樣的。男性比較適合從事
體力的勞動，女性則似乎在一些需要反應快、思緒清晰
的工作上，比較能夠得心應手。在思考扮演著重要角色
的領域中，男性和女性大部分的時候都是不分軒輊的。

50

既然男性和女性之間基本上沒有什麼不同,他們理所當
然就應該享有同樣的權利,任何歧視都是不對的。再
說,男性需要女性,就像女性需要男性一樣。

在那些女性權利受到侵犯的地方,女性應該要起來反
抗,而男性則應該支持她們。這二十年來,我在印度一
直很支持婦女們爭取各種權利,包括就學以及和男性一
樣能夠在社會上的各個領域裏擔任各項職務。

對佛教徒來說，所謂的佛性，或說覺醒的能力，在男性和女性身上是毫無二致的。所以兩性就本質上而言，是完全平等的。

52

在某些傳統中，一直是把男人和女人隔離開來的。但是
這麼做的原因，社會和文化的成分居多，像龍樹菩薩①在
他的寶鬘論（Precieuse Guirlande），或寂天（Shantideva）②
在他的入菩薩行（Bodhicaryavatara）中，就曾經提到
「女性身體的缺點」。然而，他們的用意卻不是在主張男
性優越論。因為誓願出家的人，男性顯然要比女性多，
而那些所謂的缺點，只是為了用來幫助這些比丘克服他
們對女性身體的慾望。一個比丘尼當然也可以對男性身
體做出類似的分析。

53

在金剛乘③最高的修行法門中，我們不只要對男性女性
一視同仁，而且陰性元素還扮演了非常重要的角色，以
至於對女性的歧視被認為是一種對戒律的違犯。

54

家庭是社會最基本的組成分子。家中如果充滿祥泰和人
性的價值，不僅父母親可以和樂相處，過得很幸福，連
他們的孩子、孫子，或甚至日後的世世代代，都能夠這
樣。如果他們有宗教信仰，他們的小孩自然也會對這個
宗教產生興趣；如果他們講話很有禮貌，待人接物有準
則④，相親相愛，相敬如賓，幫助有需要的人，關懷周
遭的世界，那麼他們的孩子很可能會學他們的榜樣，也
做一個負責任的人。反過來說，如果作父母的打鬧、謾
罵個不休，如果他們想到什麼就做什麼，也不管別人怎
麼樣，那麼不僅他們自己過得不快活，連他們的小孩也
無可避免地要受到他們的影響。

身為一個佛教徒，我常常跟西藏人說，如果這個世界上
真有一個地方，需要他們努力去發揚佛法，那就是家庭
了。為人父母的，正應該要在家中彰顯出他們的信仰，
教育他們的小孩真正成為下一代的精神指導，不要光給
小孩子看那些佛像，然後跟他們說這個那個是什麼佛什
麼神，而是要對他們做進一步的解釋：這個代表慈悲，
那個代表無上的智慧等等。父母親對佛陀的教誨愈是了
然於心，就愈能夠對孩子產生正面的影響。當然，這種
說法也適用於其他的精神和宗教傳統。

56

一個家庭去影響另外一個、兩個、十個、百個、千個，
最後會讓整個社會變得比較好。

57

有人認為大家已經不知道尊重為何物，而在一些工業還
很不發達的社會裏，一般人的處世態度卻較為負責。這
樣的看法還有商榷的餘地。舉個例子來說，喜馬拉雅的
印度山區，由於對外交通不便，所以還沒有受到太多現
代科技的影響。那兒的確是很少發生偷盜和謀殺之類的
情事，人民也很知足。甚至有些地方的人出門，還像古
時候一樣習慣不關門，好讓偶爾經過的客人可以進來休
息，趁主人回來之前先吃點東西。相反地，在一些像德
里那樣的大城市裏，犯罪案件層出不窮，人們永遠不滿
意現狀，結果造成了數不清的問題。但是我認為大家也
不應該把這個拿來當藉口，認為經濟發展就是不好的而
開倒車。

58

傳統社會裏那種人與人之間的互相體諒和互敬互重，一來是為了存活下去而不得不然，二來是由於還不曉得有其他可能的生活方式，所以自我滿足。你們可以去問問那些過著游牧生活的藏人，問他們願不願意冬天的時候不必那麼挨凍，問他們想不想要有一種不會把帳棚和裏頭的東西全燻得烏漆墨黑的爐子，希不希望生病的時候得到較好的治療，或者能夠從電視上看到世界的另外一端發生了什麼事。我已經知道他們會怎麼回答了。

59

經濟和科技的進步是很好而且必要的。這是許許多多我
們還沒有辦法理解的複雜因素所造成的結果,而認為只
要一切突然喊停,就可以解決所有的問題,是太過天真
的想法。當然,進步也是不可以隨便來的,而應該要伴
隨著一種道德價值的發展。把這兩種任務同時來實現,
既是我們人類的責任,也是我們未來之所繫。一個物質
和精神發展能夠並存的社會,是一個能夠真正快樂起來
的社會。

60

家庭的角色應該是非常重要的。如果家中氣氛很祥和，
如果它不僅給我們知識，還教我們真正的道德價值，讓
我們學習到正直而且為他人著想的生活方式，那麼社會
其餘的部分要建立起來都不是問題。對我來說，家庭的
責任是非常龐大的。

61

最重要的，是讓孩子們能夠在家中獲得真正的發展，在裏頭奠下他們的人格基礎，成為行為高尚、意志力堅強、懂得互助合作、關心周圍的一切、堪為他人典範的一群。這些孩子長大以後，不但會在他們的工作崗位上表現良好，還有能力繼續教育下一代。就算成了老教授，戴著厚厚的鏡片，他們還是能夠保持著幼年時期的良好習慣——我對這個深信不疑。

62

為了讓一個家庭能夠成功地達成這樣的任務，一開始，
一個男人和女人的結合，就不應該只是光看對方姣好的
體態、聲音或其他外在條件，他們首先應該要好好地認
識彼此。如果彼此都能夠看到對方的眾多優點，而且兩
人情投意合的話，這樣的愛情才能夠帶來尊重和敬重，
這樣兩人的結合才能夠幸福而且持久。

63

反過來說，如果兩人的結合只是基於單純的慾望——一種性的吸引力，就有點像想去找妓女的衝動那樣，對於對方的個性一無所知，也沒有任何想要尊重他的感覺，那麼他們的愛情必將隨著慾望的減低而消失。一旦新鮮感所帶來的興奮變遲鈍了，一旦彼此發自內心的敬重不能伴隨著愛情而來，那麼想要快樂地生活在一起，將成為很困難的事情。這種愛情是盲目的，過了一段時間之後，它常常會轉變成和愛相反的東西。如果這一對夫妻還有小孩，那麼孩子也可能會沒有人關愛。當我們想要跟某人生活在一起，一定先要考慮到這一點才行。

有一次，我在舊金山碰見一個基督教的牧師，專門幫助年輕人步上婚姻之路。他建議他們應該先去認識很多男孩和女孩，然後再做出決定。如果只有和一個人交往，那麼他們很可能會搞錯。我覺得他說得很有道理。

65

別忘了，從結婚的那一刻開始，你們就是兩個人了。連
你單身的時候，晚上的想法偶爾都會和白天的互相矛盾
了，更何況是兩個人，隨時都有可能會意見不同。如果
其中有一個只在乎自己怎麼想，而不去考慮他的另一半
的話，這樣的夫妻一定相處不來。

66

我們一旦和某人同住，就要去關懷他，時時關心他的想
法，無論發生什麼事，雙方都要負起分內的責任——夫
妻生活不能只是其中哪一個人的事。

67

男人應該要滿足女人，女人也要滿足男人。如果雙方都
不能達成對方的願望，那麼最後可能只有一條路：因為
意見不合而分手。如果沒有小孩，那麼還不算太慘，兩
個人就去法院填一些表格，頂多浪費一些紙罷了；倒是
有了孩子的話，他們一輩子都會因此不安而感到痛苦。

68

分手的夫婦大有人在，分手的理由也有很充分的。但是依我之見，最好先盡到最大的努力，看看有沒有可能開開心心地繼續在一起。當然，這麼做需要很大的努力和很多的反省。如果非分開不可，原則上一定要和和氣氣的，不可以傷人。

69

如果你決定要跟某人在一起，那就先把這件事放在心上，不要操之過急。一旦兩人真的在一起，就要去思考共同生活中必須盡到什麼樣的責任義務。建立一個家是很重大的事，要盡一切努力來讓這個家庭快樂，滿足它的需求；教育下一代，並且確保他們有個幸福的未來。

70

要重質不重量，這個原則可以適用於人生中的各種情況。一座寺廟寧願只有很少的僧人，但人人努力認真。一間學校，重要的不是招攬一大堆學生，而是該怎麼樣給他們好的教導。一個家庭，重要的也不在多子多孫，而是擁有身心健康、教養良好的下一代。

獨身的形式有很多種。有些出家人發願終身不嫁娶，有
些在家人也不過夫妻生活；有些人獨身出於自願，有些
則是迫不得已；有些人獨身非常快樂，有些則在這樣的
境況中過得很不好。

72

夫妻生活雖然有很多好處，但是問題也不少：要花很多時間去陪伴自己的配偶和小孩（如果有的話），面對更沉重的開支、更大的工作量，還要和另外一個家庭維持關係等等。

73

那些獨自生活的人，通常日子過得也比較簡單。他們一
人飽全家飽，沒有什麼責任，愛怎麼做就怎麼做。如果
他們剛好又是在尋找，或追隨某種修行法門的，他們就
可以為了個人的追求，前往任何他們想去的地方。他們
只需要一只行囊，在他們喜歡的地方，覺得該待多久就
待多久。單身可以讓我們有較多的時間和效率去做自己
想做的事，從這點來看，它不失為一種有用的選擇。

74

有些男人儘管拚命尋找，還是娶不到老婆；有些女人一心想碰到一個白馬王子，卻還是沒有辦法如願以償。他們的問題有時候是因為太以自我為中心，對別人的要求也太高。如果他們能夠漸漸地反過來對別人開放，同時不要把自己的問題看得那麼重要的話，別人自然就會對他們有正面的回應。

團體生活，如果是出於自願的話，在我看來是件很好的
事情。團體生活之所以必要，是因為人類本來就是互相
依賴的。團體就有點像是一個大家庭，可以滿足我們的
需要。

76

我們會加入一個團體，那是因為我們覺得它還不錯。大家一起來努力，每人每天都有分內的工作要完成，都有團體給他的配額可以領。我覺得這種做法很實在。

77

一個團體中，會冒出一些互相矛盾的觀點，我認為這是
好的。我們碰到的不同意見愈多，就愈有機會對別人產
生新的理解，進而改善自己。如果我們和那些想法不一
樣的人起衝突，那就麻煩了。不要固執己見，要用一種
非常開放的態度去跟別人對話，這樣我們就能夠在分歧
的意見中做出比較，並得出新的觀點。

78

不管是在家中，還是在社團裏面，交換意見都是很重要的。從我們做小孩子的時候開始，如果跟人吵架了，就要避免馬上產生一些負面的想法，譬如想說「我要怎麼樣來除掉這個傢伙」。也不用到要求自己去助對方一臂之力的地步，但是至少先聽聽他怎麼說。要養成這樣的習慣，在學校、在家裏，一旦有爭執發生，就要馬上坐下來談，趁談話的時候好好地想一想。

79

我們通常以為，意見不同，就一定會產生衝突，有衝
突，就有輸贏，或者說，就會有人的自尊受到侮辱。大
家不要落入這樣的窠臼，要不斷去尋求可以達成共識的
地方。最基本的，是要馬上能夠對對方的觀點感到興
趣。這個想必大家都辦得到。

80

我每次碰見一些有錢人，就會跟他們說，根據佛陀的教誨，富裕是種好現象。因為他們過去很慷慨，所以現在能夠享受這樣的果實。然而，富裕並不等於幸福，不然的話，愈有錢的人應該會愈快樂才對。

81

作為一個個體，有錢人基本上和大家都一樣，就算他們
家財萬貫，他們也只有一個胃，不能吃得比別人多；手
上也沒有多出幾根手指頭，可以戴上更多的戒指。他們
當然可以喝最好最高貴的酒，嘗到最美味的食物；不幸
的是，他們也常常因為這樣而破壞了自己的健康。很多
不用從事體力勞動的人，都要花很多力氣來做體操，就
是因為怕胖或怕生病。像我，很少出去走動，每天就得
在屋子裏踩室內腳踏車！仔細想想，如果這就是有錢人
的下場，那還真不值得。

82

當然，能夠對自己說：「我是有錢人！」那種感覺是很令人振奮的。這句話可以讓人精神百倍，讓我們可以在社會上投射出一個正面的自我形象。但是不是因為這樣，就值得那麼汲汲營營地去賺錢和累積財富呢？這樣不但家顧不好，也忽略了社會上的某些現實，並且讓別人起妒心和歹心，讓自己一天到晚提心吊膽，老是防東防西。

83

有錢的唯一好處，依我之見，就是更能夠幫助別人，因
為我們在社會上扮演的角色更重要，因此影響力也更
大。如果我們的想法正確，可以做很多好事；相反地，
如果我們心存歹念，那麼我們引起的破壞也就更大。
我常說我們要為這個地球負責。譬如說運用我們的財富
去做一些有用的事，如果我們有能力，卻又不去做，那
就是麻木不仁了。

84

我們每天都在吃別人種出來的食物，使用別人為我們製造的設備。一旦大家可以不愁吃穿了，就應該輪到我們去幫助這個世界上其他的人。豐衣足食過一輩子，卻不去幫助那些不能像自己這麼幸運的人，還有什麼人生比這樣子更可悲？

85

有些人真的非常窮，窮到沒有東西吃、沒有地方住，更
別提下一代的教育或醫療保健。如果我們很有錢，卻只
想到自己，那些過得那麼苦的人會作何感想？那些從早
做到晚，卻只能換取微薄薪資的人，看到有人竟然能夠
四體不勤而豐衣足食，又會有什麼反應？他們是不是會
覺得不是滋味而感到妒忌？我們是不是在慢慢地把他們
推向仇恨和暴力？

86

如果你有很多錢，最好的花錢方法就是用它來幫助窮人
和那些受苦的人，換句話說，就是為世人解決問題，讓
他們過得更快樂。幫助窮人的意思不是只有送他們錢，
更重要的是給他們受教育和就醫的機會，讓他們有能力
自力更生。

87

自己過得豐衣足食，絲毫不會想到別人，這樣子一點用
處也沒有。與其把時間花在一些虛榮的排場上，揮金如
土，還不如去幫助別人。如果你很喜歡炫耀自己的財
富，或花大把大把的鈔票去賭博，一旦這些錢不是偷來
搶來，而且你也沒有礙到誰的話，沒有人可以說你什
麼，但是你這樣只不過是在欺騙自己，浪費生命罷了。

88

如果你很有錢，別忘了你畢竟還是個人，當一個人的話，你和那些窮人也沒有兩樣，你們都需要那種內心喜悦所帶來的富足。而這樣的喜悦是買不到的。

89

今天，擁有太多的人和一無所有的人，兩者之間的鴻溝不斷加深加劇。一九八二年的時候，全世界的億萬富翁只有十二個，二十年之後，他們的人數至少又增加了五百個。這些人當中有一百個以上的亞洲人，然而亞洲通常被當成一個貧窮的地方。在這個同時，歐洲和美洲也出現了無以數計的貧民。這樣的現象早已經超出了東西方的對立。

90

那些想要強迫富人把他們的財產交出來歸公的偉大意識形態，像共產主義，都已告失敗，現在人們只能靠自己去明白分享的必要性。當然，這就需要一種心態上的深刻改變、一個新的教育。

91

長遠來看，那些有錢人如果讓這個世界上的情況繼續壞下去，對他們自己實在沒有好處。這樣他們就得去提防那些窮人的感覺，活在愈來愈恐懼的陰影裏，就像已經發生在某些國家的狀況那樣。一個富人太富、窮人太窮的社會，暴力、犯罪和內戰一定層出不窮，那些最貧最苦的人，一定很容易就受到煽動，相信這是在為他們而戰，然後任何形式的動亂都可能發生。

92

如果你很富有，又願意幫助周圍貧困的人，如果多虧了你而讓他們有較佳的健康，有機會去發展他們的才華和知識，他們也會反過來敬愛你。就算你比他們有錢，他們也會把你當成朋友。這樣不但他們滿意，連你也開心。你不相信嗎？如果有天你遇到了困難，他們一定會和你站在一起。反過來說，如果你一心自私自利，不肯跟別人分享，那麼他們就會討厭你，對你的痛苦感到幸災樂禍。人是一種社會性的生物，如果環境對我們友善，我們自然而然就會比較有安全感、比較快樂。

93

物質上的貧窮，不應該會妨礙人有高貴的想法。事實上，後面這個要遠比財富來得重要。這就是為什麼一旦我們有了一個大腦和一副身軀，就算我們一貧如洗，我們已經擁有最基本的了，所以沒有任何理由喪失信心，封閉自己。

94

在印度，我會對那些處於下層種姓，必須很努力去爭取
自己權益的人說，我們大家同為人類，都有一樣的潛
能，他們絕不可以因為貧窮，被其他種姓的人排斥，而
感到灰心喪志。

95

去嘲諷或是去反抗那些有產業的人，其實沒有什麼用。
當然，富翁也應該尊重窮人，如果他們做得太過分，窮
人應該要起來保護自己。但是任由羨慕和忌妒在心裏滋
生，不會有什麼結果。如果我們也想富起來，與其坐在
那邊忿忿不平，還不如想辦法盡可能地讓自己受教育──
重要的是要有自力更生的能力。

96

我一直念念不忘的是，那幾千個在我流亡後跟著逃難到印度的藏人。他們失去一切，連國家也沒了，其中大部分的人身無分文，顛沛流離，生病了也得不到應有的治療。他們必須在一些很艱難的條件下，只有幾頂帳棚可以躲太陽避洪水，從零開始建立他們的人生。他們必須到叢林裏去，一畝又一畝地開墾那些租來的土地，然後染上那些西藏當地沒有的疾病，成百成百地死去。然而，很少人會因此失去希望。他們以一種驚人的速度把這些困難統統克服了，並且重新找回生命的樂趣。這證明了只要態度正確，就算在最糟糕的情況下，我們還是可以過得很快樂；相反地，如果內心不平靜，我們就會搞錯，以為人只要有錢，日子過得舒舒服服就是幸福。

97

當然，每個人都有那個自由，在物質的貧困上，加上心
靈的貧窮。不過最好還是要培養出一種積極的態度。再
說一遍，我這麼講不是叫大家都不要努力去擺脫貧窮。
如果你覺得這個社會不公平，那就去爭取你的權利，讓
真理發揚光大。民主制度有一個很好的地方，那就是法
律之前人人平等。還有，要隨時保持正直的態度和仁厚
的心。

98

今天醫學已經有很大的進步，不過大家都知道，無論是
保健還是治療，心靈都扮演了舉足輕重的角色。

身體和精神的關係非常密切，而且還能互相影響。這就
是為什麼，就算你病得再怎麼嚴重，也絕對不要失去希
望，要跟自己說一定找得到解藥，你一定可以好起來。

99

無論你的狀況怎樣，請記住，煩惱除了讓自己更痛苦之外，一點用處也沒有。我常喜歡提到印度寂天上師的一句很有用的話，大意是說：如果有辦法挽救，幹嘛擔心，照著做就行了；如果已經無藥可救，擔心有什麼用？那只會加深痛苦罷了。

100

預防是最好的治療方式，它和食物以及習慣有關。很多人酗酒、吸菸過量，他們損壞自己的健康，就為了這些東西的味道和作用所能引起的一種小小的、一下子就沒了的快樂。另外有人會生病是因為吃得太多。我認識一些很虔誠的佛教徒，跑去閉關，只要他們待在山上的道場裏，就生龍活虎的；一旦逢年過節下山去探望家人和朋友，就會忍不住大吃特吃，吃到都生病了。（笑）

101

佛陀曾經對眾弟子說，如果他們吃得不夠的話，身體就
會衰弱，所以這樣做是不對的。不過他也說，日子過得
太富裕，會有損本身的功德⑤。他因此要我們降低慾
望，懂得知足並且追求精神上進步，不過也要維持身體
健康。無論我們吃得太多還是太少，都會生病；在我們
每天的生活中，一切極端都要避免。

102

如果你的身體不健全，那麼就要對自己說，從我們的根本上而言，所有人都是差不多的。就算你缺少某幾項感覺的能力，可是你的精神還是像別人一樣在運作。不要氣餒，要在自己身上找出自信，你是一個人，就有能力為自己的人生做些什麼。

我曾經去訪問過一個聾啞學校，那些孩子乍看之下沒有辦法像我們一樣互相溝通：事實上，透過其他的方法，他們的學習能力絕對不比任何人差。現在的盲眼人士在儀器的輔助之下，讀寫也都不成問題了，其中有些還成了作家。我在印度的電視台上就看過一個沒有手臂的人用腳寫字，他寫得很慢，但是字寫得非常漂亮。

103

無論如何，千萬都不要氣餒。那些總是對自己說「我會
成功」的人，一定能夠達成他的目標。如果你以為「這
是不可能的，我又是個殘障者，我永遠辦不到」，那你
真的會失敗。西藏人有句格言：「洩氣的人翻不了身。」
就是這個意思。

104

一個生下來就殘廢的孩子，不用說，一定會讓他的父母親，還有其餘家人感到哀傷、憂慮和絕望。不過，從另外一個角度來看，照顧別人是快樂和滿足的來源。佛教經文都會教我們說，要更加去愛護那些受苦和沒有辦法保護自己的人。我們愈是幫助他們，就會愈覺得自己有用，因而產生一種深刻而真實的滿足感。

105

一般而言，救助別人是所有行為裏面最好的。如果就在
自己家中、在你的身邊有個人，得了某種沒有辦法醫治
的殘疾，完全失去能力，沒有防備，想想看這是一個多
麼難得的機會，讓你可以滿心喜悅地來為這樣一個眾生
服務，你等於是作了一件非常了不起的事情。

如果你把他當成一個有限制性的義務，那麼你的作為就
沒有辦法完善，而很荒謬地給自己製造出一種本來不會
有的困境。

106

死是一件大事，事先做好準備非常有用。我們要好好地想一想它那種沒有辦法避免的特性，要承認它也是生命的一部分，因為生命一定有個開頭、有個結束，想要逃避它是白費力氣。

如果我們很早就有這樣的意識，等到死亡突然出現時，我們就不會覺得突然發生了一件不尋常的事，我們就能夠用另外一種態度來面對它。

107

説真的，大部分的人不喜歡想到自己有天會死。我們把一輩子大部分的時間都用來累積財富或做出數不清的計畫，就好像我們可以一直活下去，就好像還不確定我們是不是有一天——也許就是明天，或是下一刻——會拋下一切，離開人間。

108

就佛教而言，從現在起就開始訓練自己怎麼樣正確地死
去是很重要的。一旦各種生理機能停止運作，較低層次
的心智意識就會瓦解，毋須依附在任何物體上面的微妙
精神便會出現，這個時候正是有修行的人在覺醒的道路
上進步的唯一機會。這就是我們為什麼能夠——尤其是
在密續（tantras）⑥中，找到那麼多教人怎麼樣準備死
亡的禪思方法。

109

如果你是一個信徒，臨終的時候不要忘記你的宗教，並且禱告。如果你相信上帝，那就對自己說，即使走到生命的盡頭是一件很令人傷心的事，但是上帝應該有祂的道理——有些深奧的事是你所沒有辦法瞭解的，這樣對你一定有所幫助。

110

如果你是一個佛教徒，相信有來世的話，那死亡不過是換一副軀體罷了，就像我們衣服穿破了，再換上新的一樣。當我們的生理組織，因為內在和外在的因素，沒有辦法繼續存活下去時，我們就必須拋棄它，換一個新的。在這種情況下，死亡並不代表停止存在。

111

當我們談到無常的本質時，應該要切記，這其中又分兩
個層次。第一個是粗淺的、顯而易見的，譬如生命或一
件事情的結束。不過我們從四諦裏頭學到的無常本質，
比這個要微妙多了──它要講的是存在的那種暫時性的
本質。

112

如果我們去沉思那種層次較低的無常，就會覺得現在是
很珍貴的，然後就會對自己那絕無僅有的今生今世感到
無限的依戀。如果能夠把這個執著放下，不再受到它的
束縛，那麼我們就更加能夠瞭解為來生而做出努力有多
麼的重要。

113

有信仰的人，不管相不相信來生，重要的是，在死亡的
時候，能夠藉著激起自己內在對神的清明信心或是另外
一種積極的心智狀態，停止低層次意識的思考。理想的
情況是，盡可能地保持神智清醒，避免一切可能遮蔽它
的東西。但是如果臨終的人極為受苦，沒有什麼能夠讓
他產生一種有益的態度的話，最好不要讓他在一種完全
的意識狀態下死去。在這種情況下，為他施打鎮定劑或
麻醉藥是對的。

114

那些不跟隨任何宗教或修行之道的人，由於他們的想法和從宗教角度來看的世界觀有很大的差異，對這些人來說，臨終時最重要的就是平靜、放鬆，並且很清楚地意識到死亡是一種自然的過程，是生命的一部分。⑦

115

如果你正在照顧一個臨終的人，要根據他的個性、生的什麼病、是不是有宗教信仰和相不相信有來生等等，來採取應有的態度，並且盡可能避免安樂死，盡量幫助他不受任何打擾，放鬆心情。如果你自己就激動起來了，他會難過，心神就會受到各式各樣的思緒打擾。從佛教的觀點來看，這樣可能會引起他一些負面的傾向。

116

如果你和臨終者信的是同一個宗教，那麼就提醒他那些
他所熟悉的修習方式，或幫助他激發他的信心。在死亡
之時，他的精神會比較沒有那麼清明，所以沒有必要教
他做一些不是他很習慣的作法。一旦低層次的意識瓦
解，開始進入微妙意識的階段之後，唯一能夠幫助他
的，就是他的精神力量以及正面的思想。

117

如果病人陷入昏迷，再也沒有任何思考能力，只剩下周而復始的身體苦痛，如果沒有可能把他的精神從無意識狀態中釋放出來，那麼就應該要看情況來採取新的行動。如果病人的家境富裕，家人也極珍愛他，就算只能多活一天，也願意付出一切代價維持他的生命，那就很應該去試試。即使這樣對瀕死的人一點幫助也沒有，卻能夠讓那些愛他的人滿足心願。

如果再也沒有希望讓他恢復意識，再說醫療費用也過於昂貴，會讓家人生活陷入困境或造成他人嚴重問題的話，這個時候最好就要互道「珍重再見」了。

118

對佛教來説，如果應該盡一切努力讓臨終的人不必受苦，他也沒有辦法避免自己之前所製造出來的痛苦。換句話説，他會因為自己的行為（或説業）而受苦，而且這些行為的後果是沒有辦法避免的。如果他現在位在另外一個不具備任何有利物質條件的地方，或是處在另外一種沒有人可以照顧他的存在形式，他所受到的苦痛會更加劇烈。既然現在有人照顧他，滿足他的需求，他還是在他現在的身體裏頭受苦比較好。

119

我有一些朋友，我都叫他們「錢的奴才」。他們一刻不停息，東奔西跑，把自己累得要死，永遠都是正要出發去日本、去美國、去韓國，不敢讓自己放個假。

當然，如果他們是為了眾人的幸福或是國家的發展在奉獻犧牲，那麼我們只能樂見其成。那些有著高貴的目標，為了達成目標而夜以繼日地奮鬥的人，值得我們推崇。但是即使在這一種狀況下，能夠偶爾休息一下來保養自己的身體，還是好的。寧可長期地做一件有益處的工作，就算速度不快，也比徒然地耗費無數精力來得有價值。

120

如果這樣不眠不休地工作，只是為了滿足個人野心，而且如果到頭來還累壞身體，損毀了健康，那就等於是自己白白害了自己。

121

一般來說，那些犯了罪的人都會被關起來，被排除在社會之外，這時他們也會覺得自己是沒有人要的害群之馬。由於再也沒有希望改善，沒有辦法重新做人，他們就會用暴力的方式去對待其他人犯，並且欺負那些最弱小的。在這樣的情形下，他們根本不可能會變好。

122

我有時候會想，一個戰爭的將領殺了幾千個人，我們就稱他英雄，覺得他做的事情很了不起而歌頌他、讚美他。換成是一個完全迷失方向的眾生，如果他也殺了人，我們就把他當成謀殺犯，把他關起來，或甚至處以極刑。

123

有些人把一些鉅額款項佔為己有，我們卻不去起訴他們；另外一些人因為走投無路，偷了幾張鈔票，我們就把他們的手銬起來，拖進監獄裏頭。

124

事實上，我們大家都有那種為非作歹的潛在可能，而那些被我們送進監獄裏頭的人，本質上不會比我們其中任何一個更壞。他們是受到了無知、慾望和憤怒的誘惑，而我們也都會被這些疾病的感染，只不過程度不一樣罷了。我們有責任幫助他們痊癒起來。

125

至於社會，則不應該排斥那些犯了錯，被指為罪犯的
人。因為這是一個完整的人，和我們一樣，也是這個社
會的一分子，也有能力改變自己。所以一定要給他那種
為自己生命找出另一個方向的希望和渴望。

126

我曾經訪問過印度新德里的提哈（Tihar）監獄，那兒
有一位叫做凱琳・貝蒂（Kirian Bedi）的女典獄長，用
非常人道的方式在對待人犯。她給予他們一種精神的教
育，教他們怎麼靜坐，讓他們獲得一種心靈的平靜，而
這種心靈的平靜可以把他們從他們的罪惡感裏頭解放出
來。那些犯人都很高興看到有人在乎他們、照顧他們。
一段時間之後，甚至在出獄之前，他們會變得很心滿意
足，對人的價值產生信心，而且有能力去過社會生活。
我覺得這是一個很棒的例子，就是應該這麼做。

127

少年罪犯的情況尤其令人傷心。首先是因為這些生命才
剛起步就已經被蹧蹋了。再者，常常是在一個很艱困的
社會環境裏，當我們還沒有想到應該怎麼樣獨立自主的
時候，因為缺乏經驗，所以悲劇就發生了。

128

我給那些少年犯和一般罪犯的主要建議，就是永遠不要
氣餒，永遠不要失去變好的希望。要常常跟自己說：
「我承認自己犯了錯，我會改過自新好好做人，我將來
一定會對人群有用。」我們所有人都有同樣的大腦、同
樣的潛力，都有能力改變自己，除非是在無知或那些瞬
間念頭的作用下，不然我們永遠都不可以說自己已經沒
有希望了。

129

可憐的犯人！他們之所以會犯錯，是因為在自己那些負
面情緒的影響下而突然跌倒，這是一群被社會趕出來的
人，這輩子再也沒有任何指望了。

130

很多人問我對同性戀的看法。對那些有宗教信仰的人來說，最好的，就是根據自己的信仰來決定什麼該做，什麼又不可以做。有些基督徒說同性戀是一種很嚴重的錯誤，有些則不這麼想；有些佛教徒接受這種行為，有些卻認為這麼做的話，就再也不算是佛教徒了。

根據佛教的基本經文，有十種要避免的不善業，其中有一項就是邪淫⑧。邪淫尤其指去和他人的配偶交合，但是也包括同性戀，以及口交、肛交和手淫。但是這個意思不是說，做了以上的行為，我們就不再是佛教徒了。除了那些堅稱佛陀和因果論是不存在的邪見之外，這十不善業中沒有任何一項——即便是殺生——足以讓人失去當佛教徒的資格。

131

如果你沒有宗教信仰，又想要和一個跟自己同性別的人發生性關係，而且是在雙方都同意的情況下，不是強暴也沒有任何騷擾的行為，如果這樣可以讓你獲得一種平和的滿足，那我就想不出還有什麼好說的。我甚至認為——而且這點很重要——社會有時候排斥那些同性戀，要不就判他們刑，要不就讓他們失去工作，這樣子很不公平。我們不能拿他們來和罪犯比。

132

我認為，從佛教一般的觀點來看，同性戀之所以是錯
的，主要是相較於某些戒律而言，但是它本身並沒有傷
害性，不像強暴、殺生或其他會讓別的眾生受苦的行
為。還有自慰也是一樣的。這就是為什麼我們沒有理由
排斥同性戀，或用一種歧視的態度去對待他們。

我並且要強調，一旦有宗教禁止性生活浮濫，就馬上加
以抹黑，只因為該教條不符合我們今天的觀念和作風，
這樣子也是不正確的。在批評一條規則之前，最好先試
著去瞭解為什麼要這樣規定的真正理由。

III

關於責任的禪思

133

那些政客為了吸引選民的重視和支持，常常會做出很多承諾。「我將來會做這個，做那個，大家等著看好了。」不過，他們如果想得到人家的敬愛，我覺得更重要的是必須誠實，而且真誠地把他們內心的信念表達出來。

134

如果我們說的話前後不一致，大家都看得出來，並且記得一清二楚。「那天他那麼說，現在又這麼說，到底哪一個才是真的？」所以做人一定要坦誠。尤其在我們今天，大眾媒體莫不虎視眈眈地注意著知名人士的一言一行，於是堅守自己的信念，無論環境如何變化都要如實地把它們表達出來，就變得比過去更為重要。

135

如果我們說話一向誠懇，那些喜歡我們想法的人就會很欣賞，和我們站在一起。相反地，如果我們做事像個機會主義者，如果我們在媒體前面給出各式各樣的承諾，一旦選上了，又對我們先前說過的話毫不在乎，這樣其實很不划算。一來不太道德，再說從純實用的角度來看，也是很愚蠢的，因為到了下一次選舉時，我們便會反受其害。假如根本不想連任，花上那麼多精力去競選又何苦來哉？

136

一旦我們登上了權位，除了所作所為要更加謹慎，也不
可以忽略了自己的想法。當我們做到了總統、部長，還
是一個什麼重要人物的時候，身邊就多出很多保鑣，走
到哪裏，人家都會注意你，向你致敬，因此影響力是很
大的。這時如果我們不想在權位上迷失方向，就應該非
常清楚自己的每一個想法和動機。我們身旁的保鑣愈
多，我們在對自己心靈的看守就更不可以掉以輕心。

137

有些人在當選之前，動機是非常單純的。一旦得到了權位，就變得非常驕傲，完全忘了自己的初衷。他們覺得自己是大好人，是選民的靠山，扮演著不可或缺的角色，交換條件就是他們可以容許自己某種程度的任性，為所欲為，沒有人敢說什麼。就算做出了應該受到譴責的行為，既然他們是那麼盡心盡力地在為民服務，他們也會對自己說這沒有什麼關係，然後他們一下子就讓自己腐敗了。一旦我們同時擁有了能力和權力，就要加倍地警惕。

138

我們今天的人對政客都沒有什麼信心，真是可惜。大家都說政治「很骯髒」，事實上，政治本身一點也不髒，是人把它弄髒的。同樣的，我們也不能說宗教的本質是不好的，只是某些腐敗的宗教，因為濫用別人的信心，而扭曲了它的本質。如果那些政客的行為不道德，那政治就會變髒，這樣大家都沒有好處。因為每個社會都需要有人出來從政，尤其是在民主制度當中，多黨政治，有人執政，有人在野反對，換句話說，一些值得敬重的政黨和政治人物，更是不可或缺。

139

如果要替那些政客開脫的話，大家只要想想，他們一定
也是從哪個社會出來的。如果這個社會上的人一心只有
金錢和權力，絲毫不注重道德，我們就不應該對那些在
裏頭大攬貪污腐敗的政客大驚小怪，也不能要求他們對
這樣的狀況負起全責。

140

在一個社會裏，我們一定得遵守某些規則。那些犯了錯或做出傷害他人行為的人，必須受到懲罰；至於那些循規蹈矩的人，則應該加以鼓勵。體系的良好運作，全靠法律和執法的人。如果負責護衛正義和善行的執法人，本身不能廉直的話，那麼整個體系也就沒有辦法公正。我們不是常常看到，在一些國家裏，那些有錢有勢的人要不通常不會被起訴，不然就是輕易就打贏官司，而窮人卻要受到嚴厲的刑罰？真是悲哀。

141

昨天，有一個人跟我說，美國的法官對墮胎的態度，不是贊成，就是反對，立場非常鮮明。然而，因為一些重大的理由而墮胎——譬如母親有生命的危險，必須在母親和胎兒之間二選一——和因為不能去度假或買新的家具而墮胎，兩者有很大的不同。但是從法官的角度來看，好像沒有什麼兩樣。這個題目很值得仔細研究，以便界定出各種不同的狀況，然後我們才能夠很清楚地說，在什麼狀況下可以、什麼狀況下不可以墮胎。

142

最近，在阿根廷有一個法官問我對藉由死刑來恢復法律
威信的看法。我的立場是，死刑有很多令人沒有辦法接
受的理由；而我真心希望，有一天全世界各地都能夠把
它廢除。死刑尤其不能令人接受的是：這是一個極端嚴
重的行為，它把一個受刑人改過自新的機會完全剝奪
了。然而，一個罪犯也是眾生之一，他在不同的環境下
有可能變好，就像你我也有可能在某些條件下變壞一
樣。我們要再給他一個機會，不要認定他就是有害的，
非把他除掉不可。

143

如果我們的身體生病了，我們會想辦法把它治好，不會就此把它毀掉。為什麼我們就該毀掉社會上那些有病的部分，而不去加以治療呢？

144

後來輪到我問法官一個問題：「假設有兩個人犯了同樣的罪，兩個都被判終身監禁。其中一個還沒有結婚，另外一個家裏不但有好幾個嗷嗷待哺的小孩，而且還是他們唯一的親人，因為孩子的母親死了。如果你把第二個關進牢裏，那些小孩子就沒有人照顧了。那你會怎麼做？」

法官回答我說，根據法律，這兩個人都必須接受同樣的懲罰。那些小孩子就由社會來負責扶養長大。

於是我忍不住要問，如果嚴格地從所犯的錯誤來看，這兩個人受到同樣的刑罰是很正常的。但是如果考慮到這個刑罰是在什麼樣的情況下來執行的，差別就很大了。懲罰了那個父親，也等於用最殘酷的方式去懲罰那些無辜的小孩。他回答我說法律沒有辦法回答這個問題。

145

有少數的知識分子、宗教家和一大部分的科學家,都已經意識到這個世界上已經產生了嚴重的問題:戰爭、饑荒、數量非常多的族群生活在水深火熱之中、富有國家和貧窮國家之間的差距愈來愈大。問題是他們做的只是把他們的觀點表達出來,然後讓那些在當地的、數量有限的人道組織自己想辦法去解決。

事實上,這些我們都脫離不了關係,我們都有責任。這也是民主政治的真諦——我覺得。讓我們依照自己的能力來採取行動,大家團結合作,一起來討論這些問題,要求那些當政者拿出具體的行動,嚴厲批判那些貪官污吏,對聯合國和各國政府提出呼籲。這樣一來,我們必定能夠發揮出比較有效的影響力。

146

有些人把我當成某種先知。我只是在替那些數不清的，深受貧困、戰爭和武器交易之害的人，那些沒有辦法表達意見的人說話罷了。我只是一個發言人，我沒有任何權力的慾望，也不想和全世界作對。

去負起某種超乎尋常的責任，然後投身在一場激烈的戰鬥之中，這不是一個孤立的、來自遙遠國土的西藏人所該做的事。這樣是很笨的。再說，以我的年紀，我也該下台一鞠躬了。

然而我會堅守我的承諾，就算我得坐著輪椅去開會，絕對不動搖，一直到死！

我相信人類的進步或衰敗，有一大部分取決於教育家和老師，所以說這些人的責任是非常重大的。

148

如果你是一個老師，儘量不要只是傳授知識而已，還要
去啓發學生心靈對諸如仁慈、悲憫、寬恕和體諒等基本
人類善性的覺醒。不用專門開課來講傳統道德或宗教的
主題，只要讓他們看到這些善性對世界的幸福和存續就
是不可或缺而已。

149

要教他們和人溝通，教他們用非暴力的方式來解決所有
衝突；教他們一旦和人家意見不同，就要設法去瞭解對
方的想法。告訴他們不要從狹隘的觀點來看事情，不要
只想到自己，只想到他們的社區、國家和種族，而是要
意識到所有的眾生都有同樣的權利和需要。讓他們體會
到那種對全天下的責任感，讓他們明白我們做的事情每
一件都是有意義的，都會對整個世界發生影響。

150

不要光用嘴巴講，還要以身作則。這樣學生會對你說過
的話，記得更清楚。讓大家看到，你把學生未來所有的
表現，都當成是自己的責任。

151

如果説某些科學和科技領域裏的新發現並沒有造成重大
影響，但是其他那些像是基因研究或核子物理學的情
況，就不是這樣了。這些學科的應用可以帶來極大的好
處，也可能造成極大的害處。所以我希望這些領域裏的
科學家，都能夠對他們的研究工作有種責任感，不要對
它們可能帶來的災難視而不見。

152

所謂的專家，視野通常很狹隘，他們不太會去想說，要
把他們的研究放在一個比較大的脈絡裏。我不是說他們
的存心不良，但是如果只在某個非常特殊的領域上鑽
研，就沒有時間去思考，他們的發現會引起什麼樣的長
期影響。我很崇敬愛因斯坦，像他就曾經對核分裂研究
所可能帶來的危險提出警告。

153

科學家們應該時時謹記著不可以殺生的必要性。我想到的，尤其是基因研究中可能造成的偏差，萬一將來有一天我們可以藉著複製的技術，製造出一些生命，專門提供器官給那些需要的人替換，這樣的情景讓我覺得毛骨悚然。我同時也要譴責那種為了實驗的目的而利用人類胚胎的做法，還有，身為一個佛教徒，我也沒有辦法接受活體解剖以及其他一切施於有感覺的眾生的殘酷行為——即便這是為了科學研究的緣故。我們怎麼樣能夠那麼理直氣壯地為自己爭取免於受苦的權利，同時又拒絕承認其他一整批的眾生也有同樣的權利？

154

我通常都會跟那些從商的先生女士說，有競爭精神不是壞事，只要心裏想著：「我要盡最大的努力，像別人那樣爬到最頂峰。」反過來說，如果為了得第一，就利用那些卑鄙的手段不讓別人成功，去欺騙他們，誹謗他們，甚至殺害他們，這就不能接受了。

155

想想我們的那些競爭對手也是人，和我們有同樣的權利和需求。就像我們在講忌妒的時候提過的，要想説他們也是這個社會的一分子，他們如果能夠成功是件好事。

156

唯一可以接受的好勇鬥狠，那就是覺得，自己天生也有能力用一種不能動搖的毅力去做事，一面跟自己說：「我也是有能力的，就算都沒有人幫我，我還是可以成功。」

157

作家和記者對社會能夠產生很大的影響，就算人的生命很短暫，但是他們留下來的文字卻能夠持續好幾百年。在佛教的領域中，無論是佛陀、寂天或其他上師的教誨，都是因為曾被記載成文字，才能夠在這麼長久以來，讓大家知道什麼是愛、慈悲和覺悟者的那種利他精神，我們今天也才能夠繼續研究他們的思想。另外還有一些文字，譬如那些散布偏激的法西斯和共產主義意識形態者，則很不幸地成了許多大苦大難的來源。作家有那種間接造成數百萬生靈之幸或不幸的能力。

158

我一般都會對記者這麼說：在我們這個時代，尤其是民主國家中，你們的責任，對民意的影響力，都是很大的。在我看來，你們最有用的任務之一，就是去和謊言和貪污戰鬥。你們要很仔細、很公正、很全面地去檢視那些國家元首、部會首長和其他那些有力人物的言行舉止。當柯林頓總統的性醜聞爆發時，最讓我佩服的是，全球最強大國家的領袖，竟然也要像任何一個其他公民一樣，上法庭接受訊問。

159

記者有敏銳的嗅覺，能夠去調查公眾人物的行為，好讓大家知道這些人是不是值得他們的選民信賴，我覺得這點很棒。不過還有一點也是很重要的，那就是這些調查必須以一種公正的方式進行，沒有任何欺騙或隱瞞——你們的目標不是去破壞敵對政黨或某個政敵的聲譽，好讓自己的陣營佔得上風。

160

記者也應該去彰顯和提升人性的善良本質。一般來說，他們只對最熱門、最駭人聽聞的時事感到興趣。其實他們內心深處，仍然認為殺人是一種沒有辦法接受而且不應該存在的可怕行為。所以每次一發生了這樣的案件，才都會被刊在頭條──貪污和其他的罪行也是一樣。相反地，養兒育女，侍奉耆老，照顧病患，這些對我們來說都是正常的行為，根本不值得當成新聞來報導。

161

這種態度最大的缺點，就是它會慢慢地讓社會大眾，尤其是年輕人，把謀殺、強暴和其他一些暴力行為當成是常態。我們從此很有可能認為人性是殘酷的，而且根本沒有辦法不讓它發作出來。如果有一天大家對這種事深信不疑，那麼人類的未來就再也沒有任何希望了。我們會對自己說：既然人不可能變好，和平也無望，那我們為什麼不乾脆變成恐怖分子算了？既然去幫助別人一點用處也沒有，那為什麼不乾脆用冷漠來對待這個世界，隱居起來，自己顧自己就好了？

如果你是一個記者，請千萬要意識到這樣的問題，然後去克盡你的職責。就算你的讀者或你的聽眾不喜歡，也要去報導那些好人的事蹟。

162

我們的環境和健康是會愈來愈得到保護還是受到破壞，農人在其中扮演著決定性的角色。今天，隨著含水層的污染，肥料和殺蟲劑的濫用，以及其他日新月異的破壞，讓我們愈來愈看清，人類必須為生態環境惡化和新疾病的出現負起什麼樣的責任。由動物飼料所引起的狂牛症，就是一個非常明顯的例子。按理來說，那些主事的人應該要受到懲罰，但是大家對他們好像一句話也沒有，反而去屠宰那些深受其害的牛隻……。

163

我覺得我們在農業上應該大量減少使用化學產品,而且儘量和大自然的循環取得協調。這樣一來,雖然短期內也許會降低收益,但是從長遠來看,這絕對有好處。還有,那種會對環境造成傷害的工業畜牧業,也應當縮小它的規模和數量。再說我們給動物吃的那些不自然的飼料,也會產生一些沒有辦法預見的後果,這個大家今天都有目共睹了。我們只要想想,這樣既浪費時間、金錢和精力,還會讓許多眾生平白無故地受苦,就不得不承認,採用其他方式是比較有智慧的。

164

一切有知覺的眾生都有活下去的權利。既然那些哺乳動物、鳥類和魚蝦，很明顯地也都能夠感受到快樂和痛苦，牠們想必也和我們一樣不喜歡受苦。如果我們以一種唯利是圖的浮濫方式來利用這些動物，即使不要去談佛教的觀點，就最基本的道德立場來看，也說不過去。

165

說到衝突和差別，在這個地球上所有的動物裏面，人類可以說是最大的麻煩製造者了。這是很明顯的。我想如果人類從這個地球上消失了，那些好幾百萬的魚類、雞和其他小動物，肯定可以真的過得很自在。

166

那些去宰殺或虐待動物，卻一點也不會有同情心或絲毫
遲疑的人，當然對待自己的同類也要比別人來得鐵石心
腸。即使我們覺得有必要為了更多眾生的好處，而去犧
牲其中的某一個，但是忽略了別的眾生——無論哪一個
——也會有痛苦，仍是非常危險的事情。否認或避免想
到這樣的事實，也許是個方便之道，但是這樣的態度就
好像我們在戰爭中見到的，很容易走火入魔，它會反過
來摧毀我們自己的快樂。我常常說的，同情心和慈悲為
懷，最後總是會對我們有益的。

167

有些人會反駁我說，無論怎樣，那些動物還不是會互相吞噬。這話沒錯，不過我們也不能否認，那些會去吃其他動物的動物，牠們的行為其實很單純而直接：餓了才會去殺生，不餓就不會。這和人類那種為了利益一次宰殺數百萬的牛、羊、雞等等眾生，有天壤之別。

有一天，我碰到一個波蘭的猶太人，一個很好、很聰明的人。因為他吃素，而西藏人一般是不吃的，他就跟我說：「我不吃肉。如果我吃肉，我就敢自己動手去殺那些動物。」我們藏人呢！我們是讓別人來殺那些動物，然後我們自己再去吃！（笑）

168

人類社會到處都會出現一些害群之馬，招致許多問題，
所以有必要設立一些有效的方法，讓這些人不能危害眾
生。如果都沒有其他可行的辦法了，那麼就只好用武力
來解決問題。

對我來說，軍隊不應該用來傳教或侵略別的國家，只能
夠在絕對必要的時刻，用來終止那些製造混亂、破壞人
類福祉者的伎倆。一場戰爭唯一能夠讓人接受的目的，
是在謀取所有人的幸福，而不是追求某些人的特殊利
益，所以說戰爭只能夠作為一種最後的手段。

169

歷史告訴我們，暴力只能夠帶來暴力，很少可以化解問題，相反地，還會造成巨大的災難。大家還可以發現，就算用暴力來終止衝突，看起來像是很有智慧、很有道理，但是我們也永遠沒有辦法知道，這麼做究竟是在救火，還是在放火。

170

今天，戰爭變得既冷酷又不人道。現代武器可以讓數千眾生喪失性命，自己卻毫髮無損，也不用看到對方受痛苦的模樣。那些下達屠殺令的人，通常都在距離戰場的幾千公里外，而死傷的，則是那些只想活下去的無辜百姓、婦女和小孩。我們幾乎要懷念起古時候的那一種作戰方式，封建領主就走在軍隊的最前面，他一死，通常就意味著衝突結束。我們至少要重新讓戰爭變得有人性一點。

171

人一旦手上有了武器，就會想要去用它。我的看法是，國家不應該再擁有軍隊，這個世界應該解除軍備，但是可以組成一支由多國組成，唯有在世界上某個地區的和平受到威脅時才出面干涉的武力。

172

每個人都在講和平，但是如果我們讓怨恨常住在心裏，就不能實現外在的和平。我們也不能既要追求和平，又要進行武器競賽。核子武器雖然被當成是一種嚇阻的工具，但是我覺得這不是一個聰明的辦法，而且效果不會持久。

173

某些國家會在這些武器的發展上投入鉅資，浪費那麼多
的金錢、精力和才智，而意外失控的可能性，只會讓人
愈來愈害怕。

174

結束戰爭是所有人的事情。我們當然可以找出一些衝突
的始作俑者，但是我們卻不能說這些人是自己或憑空跑
出來的。這些人也是社會上的一分子，而社會是由我們
大家所組成的，所以每個人都要負起一部分的責任。如
果我們想讓這個世界和平，每個人就先使自己的內心和
平起來吧。

175

想要世界和平，就必須先在心靈上建立和平；而想要建立心靈的和平，就必須意識到天下人就像一家人，儘管各自有各自的信仰、意識形態、政治和經濟制度，但是這些相對於我們之間的共同點，只不過是一些細節而已。最重要的是，我們都是住在同一個小星球上的人類，就算只是為了活下去，我們都需要彼此合作——無論是在個人或國家的層次上。

176

那些在教育和醫療保健，在精神生活、家庭生活、社會
生活或其他領域上為其他人奉獻犧牲的人，讓我心裏感
到非常歡喜。人類社會到處都會產生一堆的問題和苦
難，盡一己之力來解決這些困難，實在很值得去頌揚。
從佛教的觀點來看，幫助別人時很重要的一點，就是不
可以只憑著責任或樂趣——就像有人喜歡種花蒔草那
樣。如果我們懷著愛心和慈悲心去做這件事，那麼一定
能夠讓對方感到很快樂。從外表來看，都是在幫助別
人，但是後者的效益要勝過前者無數倍。

177

如果你是一個醫生，不要像例行公事或在盡什麼義務那樣去治療患者。患者可能會有一種感覺，覺得你不是真的在關心他，沒有很仔細地在幫他檢查，覺得他被人家當成作實驗的白老鼠。有些外科醫師，因為動太多手術了，最後把他們的病患看成一些等著修理的機器，忘了對方其實是有血有肉的人。因為再也不覺得應該用善心和慈悲去對待他人，所以他們可以像在操作汽車零件或木板一樣，去切除、縫補和作器官移植。

178

我們去幫助別人的時候，培養出一種利他的態度是很重要的。這樣的態度不僅對接受幫助的人有益，對給予幫助的人也有好處。

179

我們愈去關心別人的幸福，也就同時愈能建立起自己的快樂。只不過當你在付出的時候，心裏絕對不要有這種想法。不要去指望有所回報，要一心一意為別人好。

180

絕對不要覺得自己比那些接受你幫助的人高尚，就算你
把金錢、時間和精力都奉獻出來給他們，就算對方再怎
麼骯髒、虛弱、愚笨或衣著襤褸，也要時時用謙卑的態
度去做。就我個人來說，我每次碰到一個乞丐，就會強
迫自己不要把他看得比較低等，而是一個和我沒有兩樣
的人。

181

當你去幫助一個人的時候，不要只是幫他解決眼前的問題就好，譬如說給他錢，還要讓他有辦法自己去解決自己的問題。

IV

關於無常的禪思

182

我認為每個人類天生都有一種「自我」的意識。我們雖
然沒有辦法解釋這種感覺從何而來，但是它就是存在；
而那種想要離苦得樂的慾念，就由此而生。這種想法完
全正常，就好像我們天生有權利不要受苦一樣，我們也
有盡可能快樂的權利。整部人類的歷史，就是從這樣的
一種情感發展出來的。再說也不光是人類有這種本能，
從佛教的觀點來看，就算最微末的蟲子，也有這種感
覺，它們也會盡其可能地追求快樂，避免痛苦的處境。

183

快樂的方式有很多種。有些人精神不太正常，卻能夠沉浸在一種非常純淨的幸福當中，他們總覺得一切都很順利。但是這樣的快樂並不是你我所要追求的。

有些人則把他們的快樂建立在物質的擁有和感官的滿足上。我們前面已經說過，這種方法其實很不穩當，就算這真的能夠讓你很快樂，但是如果你以為能夠這樣一直下去，那麼當情況開始對你不利時，你就會加倍地痛苦。

還有些人過得很快樂，因為他們用一種道德的方式在思惟和處世。這才是我們需要的幸福，因為它所根據的是很深刻的道理，而不是一些隨時會改變的境況。

184

如果你沒有正確的態度，就算你的境遇優渥，身邊好友
圍繞，你還是不會快樂。這就是為什麼一個人的心態要
比他的外在狀況來得重要的原因。即使是這樣，我覺得
還是有很多人太過專注在他們的物質條件上，而忽略了
他們的內在心態。我的建議是要多花一點注意力在我們
的心靈品質上。

185

如果想要一直快樂下去，那就必須先認知人生是痛苦的
事實。剛開始，這也許很教人沮喪，不過從長遠來看，
我們還是有所得的。那些寧可對現實視而不見，而去吸
毒、去沉溺在某種盲目信仰的喜樂假象裏，或讓自己忙
得沒有時間思考的人，只能躲得了一時。當他們又不得
不去面對問題的時候，就會驚慌失措，就會像我們西藏
人說的「全國上下怨透透」。他們心中充滿憤怒絕望，
於是在原來的問題上又平添了一層無用的煩惱。

186

讓我們來想一想，煩惱從哪裏來。其實煩惱就和其他所有的現象一樣，也是由不計其數的原因和條件所造成的。如果我們的感覺很明顯地只取決於一個因素的話，那麼我們只需要一個快樂的理由，就必然可以快樂起來。但是大家都知道，事實並不是這樣。所以我們要拋棄那種「總有一個始作俑者，只要把它找出來就可以不再痛苦」的想法。

187

大家要承認，痛苦是存在的一部分，或者用佛教的話來
說，是「輪迴」（samsara），也就是各種存在處境循環
的一部分。如果我們把它看成是一種負面的、不正常的
東西，而我們都是它的受害者，那麼我們的生命就會變
得很悲慘。所以說，問題來自於我們怎麼樣反應。當我
們不再以苦為苦時，才有可能快樂起來。

188

從佛教的觀點來說，去反省人生是痛苦的現實，並不會
讓我們萬念俱灰，成為悲觀主義者，而是帶我們去發現
那些痛苦究竟是怎麼生出來的——從貪欲，從瞋恨，從
癡愚——然後從中把我們解放出來。癡愚在這裏的意
思，是指沒有辦法對眾生和萬物的真正本質有所瞭解。
癡愚也是前面所提到的另外兩種毒素的成因，一旦癡愚
消失，貪欲和瞋恨就再也沒了根柢，那麼痛苦的泉源就
會枯竭了。結果就是會產生一種，再也不用受制於各式
各樣負面情緒的、利他主義式的快樂。

189

大家都看到，在那些工業化的國家裏，有很多不快樂的人。他們什麼都不缺，舒適生活，該有的一切都有了，但是還是對日子不滿意。他們的不快樂來自於妒忌，來自於各式各樣的原因。有些人一直在等大災難發生，有些人則認為世界末日快要來了。這些人因為沒有辦法用健康的方式來思考，結果替自己製造了許多痛苦。如果他們換一種眼光來看事情，他們的煩惱就會消失。

190

還有那些真正有理由痛苦的，像是得了重病、三餐不繼、遭逢慘劇或被虐待的。不過，我要再次強調，這些人通常也有找出解決辦法的能力。就實際的做法來說，他們可以——而且也應該——療養自己的身體，指控那些虐待他們的人，上法院去要求賠償——沒得吃沒得穿的，就得拼命工作。在心理上，他們可以採取一種積極的態度。

191

是我們的心態在決定我們受痛苦的程度。譬如説我們生
病了，唯一有效的應付辦法，是採取各種可行之道來讓
自己好起來：去看醫生，按時服藥，做某些運動等。不
過，一般人都會把事情複雜化，去煩惱自己以後不曉得
會怎麼樣，結果在身體的病痛上又添加了心靈的苦惱。

192

如果我們生的病很嚴重，我們常常會用一種反正就是最壞的角度來看它。如果我們的頭部生了病，我們就會想：「我真是倒楣透頂，如果是我的腳在痛就好了！」我們不會去想說，還有很多人至少病得跟我們一樣嚴重，反而一直抱怨，好像這個世界上除了自己之外沒有旁人。

其實我們可以反過來想。假如我們的手癱了，我們可以跟自己說：「我的手廢了，腳卻還能夠走。」如果是腳壞了，就說：「腳不能走了，不過我還可以坐輪椅，我的手也還能夠寫字。」光是這麼單純的想法，就可以讓人心裏好過一點。

193

再怎麼樣，我們都可以從一種積極的角度來看待自己的情況，尤其是我們這個時代。現代科技讓我們多出了許多保持一線希望的理由，如果說完全找不出任何心理的辦法，來減輕由某些實際狀況所引發的疾苦，這是沒有辦法想像的。那種唯有默默承受，絲毫不能加以慰藉的苦難，實在少之又少。面對身體的病痛，要往積極的方面去想，並且把它們牢記在心上，這樣你一定能夠減輕一點痛苦。

194

就算你生的是一種嚴重的慢性疾病，一定有辦法可以讓自己不要在絕望中消沉下去。如果你信仰佛教，那麼就對自己說：「但願這個病能夠消解我過去犯下的惡業！但願那些別人身上的苦痛都來加在我身上，讓我替他們受苦！」別忘了還有數不清的眾生像你一樣在受苦，要為他們祝禱，但願你所經受的能夠減輕他們的苦痛。如果你沒有辦法這麼想，那麼最簡單的方法，就是去意識到你不是唯一的，還有很多其他人跟你有同樣的處境，這樣想可以幫助你去承受你身上的病痛。

如果你是基督徒，相信神是宇宙的創造者，那麼你就用這樣子的想法來安慰自己：「這場病雖然不是我所願，但是既然我這生命是神因著祂的大慈悲所賜予，那麼這場病背後一定有個道理。」

如果你沒有宗教信仰，那就要想說，你遭逢的這個不幸，就算那麼可怕，但是碰上的也不只你一人而已。即使你什麼都不相信，也試著去想像，你身上會痛的那個地方上面，有一道光把它籠罩住，化解了你的痛苦——看看這樣是不是能夠讓你舒服一點。

195

有的不幸是突然降臨，想躲都躲不掉的，譬如一個親愛的人過世。這裏，我們當然不用談要怎麼去影響事情的成因，正因為已經沒有辦法挽回，所以要知道，絕望也是沒有用的，只能讓哀痛更加劇烈。我尤其擔心那些沒有任何宗教信仰的人。

196

去檢視自己的痛苦，並且尋找它的成因，想辦法看看有
沒有可能讓它消失，這些都是很重要的。一般來說，我
們都會覺得不用替自己的不幸負責，這一定是別的什麼
人或哪件事情的錯。不過我很懷疑真的是這樣。我們就
有點像是那些考試失敗的學生，卻不肯承認，如果自己
肯多用功一些，就能夠成功地通過考試。我們會生某個
人的氣，然後宣稱所有的狀況都對我們不利。不過當這
第二層心理上的痛苦，再加到第一層上頭時，我們不就
苦得更屬害了嗎？

197

連在人類家庭中，在我們自己的家裏，都會發生許許多
多的衝突了，更不用提那些發生在族群、國家，甚至每
個人內心裏的衝突……我們的聰明才智讓我們有很多不
同的想法和意見，而這些正是衝突和矛盾的來源。人有
時候會很不幸地被自己的智慧放在一種負面的精神狀態
中，在這種情況下，聰明反而讓人又多了一項不快樂的
來源。然而，我認為聰明同時也是唯一能夠讓我們克服
這些衝突和困境的利器。

198

就算你失去了像父母那樣的至親，也請用理智好好地想一想。要想說，過了一定的歲數之後，生命自然而然就會結束。當你還是小孩子的時候，你的雙親曾經盡心盡力把你扶養長大，所以現在你並沒有什麼好遺憾的。當然，如果他們並非享盡天年，而是在一場像是車禍那樣的意外中喪失生命，那的確要令人惋惜多了。

199

對那些生性悲觀，不斷自尋煩惱的人，我很想說：你們
怎麼那麼笨！有一天，我在美國碰到一個沒有什麼理由
卻極端不快樂的女士。我跟她說：「不要讓自己那麼不
快樂！妳還年輕，還有很多日子要過，沒有理由這麼自
尋煩惱！」她問我為什麼要管她的事。我聽了很難過。
我回答她說，這樣講一點用處也沒有。我拉起她的手，
很友善地拍了她一下，然後她的態度就變了。

面對這樣的人，我們只能用愛和真情來幫助他。不是那
種表面的關愛、一些空洞的字眼，而是某種由衷發出的
東西。我們藉由理性來討論事情，但是如果我們把真正
的愛和溫柔表現出來的時候，人跟人之間是可以直接溝
通的。最後那位女士還是做了改變，她開始能夠開懷地
笑了。

200

如果你是一個悲觀主義者，要想說，你是這個人類社會
中的一員，而人類自然而然地就會想要相親相愛，這是
他們最根本的天性。你一定找得到一個可以把希望寄託
在他身上的人，一個值得效法的人。像你這樣折騰自
己，實在沒有必要。

201

要讓自己往好的方面想，老是去想說全世界都是壞人，
這樣子是不對的。壞人當然是有，但是這不是說所有的
眾生都不好，品行高貴而且慷慨的還是大有人在。

202

那些用這種眼光看世界的人，對誰都沒有信心，所以會感到孤單。他們打從內心深處感到孤單，因為他們不會常常想到別人。如果我們不常想到別人，我們就會根據自己的想法來判斷他們，然後想像他們也用我們看他們的那種方式來看我們。人在這種情況下會覺得很孤獨是理所當然的。

203

有一天，有個和中共關係很好的人來到了達蘭薩拉（Dharamsala）。這裏有很多人知道他要來，就事先幫他貼標籤，抹黑他的形象。結果就是，到了見面的時候，氣氛很不自在。

我個人對他沒有什麼意見，我認為他和大家一樣也都是人，如果他相信中國人，那是因為他資訊不足的關係。我們第一次碰面的時候，他用的是一種質疑的口吻在對我說話，不過我只單純地把他當成一個人，用很友善的方式來跟他談論西藏事務。第二天，他的態度就完全不一樣了。

如果我那個時候也開始不耐煩，我們就會更加封閉在各自的立場裏，我就會聽不到他的觀點，而他也不會願意聽我在說什麼。因為我把他當成一個人，因為我對自己說，所有的人類都是平等的，只不過有時候他們知道的事情還不夠多；因為我用一種真心誠意的方式來和他相處，所以漸漸地我就可以引導他打開心房。

204

有些人就只看到事情的負面，拿流亡國外的西藏人社區
來說好了，我們大家都是難民，都同處在一種狀況裏，
但是有些人總是開開心心的，只會講一些高興的，讓人
覺得有希望的事情；有些人則好像看什麼都不順眼，把
一切都說成是壞的，然後煩惱個不停。

205

就像佛教經典裏面寫的，這個世界看起來可以像朋友，
也可以像敵人；既充滿缺點，又充滿優點──一切都看
我們是怎麼想的。一般來說，沒有什麼是只有好處或只
有壞處的。一切我們所使用的東西──吃的、穿的、住
的──以及一切和我們共同生活的人──家人、朋友、
上司、下屬、上師和門徒等等──都是同時既有優點也
有缺點。事實就是這樣。如果想對現象做出正確的判
斷，就要先去接受它的各種好處和壞處。

206

從某個觀點來說，是有可能用一種正面的角度來看所有事情的。這樣，就算苦惱也可以被當作是有益處的。我發現那些歷經重重考驗的人，通常不會碰到一點小困難就口出怨言。他們吃過的苦會鍛鍊他們的脾性，讓他們有開闊的眼光，靜定的心，比較能夠看清現實，甚至能夠看到事物的真如。那些從來沒有碰過任何問題，一直活在溫室裏的人，是會跟現實脫節的。這種人一碰到點小事，就會「全國上下怨透透」。

207

我失去了我的國家，大半輩子都是在流亡中度過的，西
藏人民遭到屠殺，生活在水深火熱之中，寺廟被毀，文
化被滅，整個國家被掠劫，自然資源被搶奪。我實在一
點快樂的理由也沒有。然而，我卻在和其他人民、其他
宗教、其他文化以及其他科學的接觸之中，增長了不少
見識。我發現了一些之前我所不知道的世界觀和自由的
形式。

208

在流亡的藏人社區裏，最快活、內心最堅定的，常常是
那些受過最多苦難的人。有一些人，在一些令人髮指的
情況下，度過了二十年監獄生活之後，竟然還跟我說，
站在心靈的觀點來看，那竟是他們人生中最美好的一段
時光。一個我們寺院裏的喇嘛，曾經被人家虐待過好幾
年，而那只是為了要讓他放棄信仰。他很認真地對我
說，他那時候最擔心的是，會對那些虐待他的人失去慈
悲心。

209

那些在法國、德國和英國，經歷過第二次世界大戰以及戰後物資匱乏的人，就不會被一些小問題所難倒。他們對自己的處境十分滿意，因為他們看過更糟糕的。倒是那些沒有歷經過二次大戰，無憂無慮，就像住在兒童樂園裏的人，一碰到困難就抱怨，就逃跑。他們一點也不知道珍惜眼前的幸福。

210

新世代裏頭,有些對物質進步不滿意的,會轉而追求精
神生活。我覺得這樣很好。無論如何,要意識到這個世
界是由好的和壞的東西組成的,我們怎麼看待現實,有
一大部分是由我們的精神造成的。

211

有些人一醒過來，心裏就會充滿一種沒有辦法解釋的焦慮。這種感覺可以有各式各樣的原因，有的是因為小時候父母或兄弟姊妹對他不好，還有的是曾經遭到性侵害，人家對他們施暴，他們卻說不出來。漸漸地，他們心裏就會生出一種恐懼，因而感到痛苦。

一旦他們終於能夠說出自身的經歷，如果這時候旁邊也剛好有個人來讓他們明白事情已經結束了，過去了，他們就會有機會為人生中這樣一個章節畫上句號。在西藏我們說，得往裏頭吹，塞住的法螺才能通。

212

我年輕的時候，總是很害怕黑漆漆的房間。時間過去了，這種恐懼也不見了。我們和人的交往也是這樣：你心裏愈封閉，就會愈害怕，愈覺得不安全；你愈是開放，就會覺得愈自在。這是我親身的經驗。我現在碰到人，無論對方是個大人物、乞丐，還是普通人，對我來說一點兒也不重要，重要的是笑容和一張開放而平易近人的臉。

213

如果你緊張是因為你對自己一點信心也沒有，覺得自己做什麼都不會成功，那麼請想一想，為什麼要一開始就判自己出局。你一定找不出任何可以成立的理由，問題是來自於你看事情的方式，而不是你真的沒有能力。

214

真正的慈悲，是當我們意識到別人和我們一樣也有快樂
的權利，才會存在。這樣的慈悲心會讓我們產生一種責
任感。如果我們去培養這一類的動機，我們對自己就會
愈來愈有信心，然後信心減輕恐懼，讓我們有自信。如
果你一開始就很堅決要完成這樣艱鉅的任務，那麼就算
失敗一次，兩次，三次，也沒有什麼關係。你的目標很
明確，所以你會繼續努力下去。

215

少想到自己，多關心別人，是一個對抗焦慮的好辦法。
假使我們真能看到別人的困難，那麼自己的就變得不再
那麼重要了。我們去幫助別人的時候，我們的信心會增
加，焦慮就會減少。當然，要真心真意地想助人，如果
只是為了讓自己不再困擾，那麼我們最後還是會回到原
點，不得不去面對自己的恐懼。

216

自殺是很難說的。自殺的理由非常多，有的是因為內心充滿憂慮或焦慮；有的則是陷入絕望的深淵；有的因為別人對他們怎麼樣——或沒怎麼樣——讓他們自尊心受損而自殺；還有那些深信自己會一事無成的人；那些有一種強烈慾望的人，當這個慾望沒有辦法滿足時，就因為氣憤難消而結束自己的生命；還有那些任憑憂傷來把自己淹沒的人⋯⋯以及其他許許多多的原因。

217

一般來說，自殺的人同時讓所有可以解決問題的辦法也消失了。就算到目前為止，他碰到的通通都是困難，但是這也不能證明將來他就找不到解決的辦法。

218

大部分的自殺都是在情緒非常激動的時候犯下的。但是
身為一個人，我們不可以光憑一時的氣憤、渴望或焦
慮，就作出那麼極端的決定。在衝動之下所採取的反
應，搞錯的可能性很大。既然我們都有思考能力，那就
在做出再也沒有辦法挽回的舉動之前，先讓心情平靜下
來再說。

219

我的導師崔蔣（Thrijang）仁波切，跟我講過一個康區（Khams）來的人，因為太不快樂了，決定去跳拉薩（Lhassa）的藏布（Tsangpo）江自盡。他帶了一瓶酒，跟自己說酒喝完了他就跳。剛開始他還很激動，來到河邊，在岸上坐了一下子，由於一直下不了決心跳下去，他就開始喝一點酒；又因為這樣還是不能給他足夠的勇氣，他又喝了一點；最後，他腋下夾著一個空酒瓶，還是回到家裏。

220

我從一份調查書上得知，大多數的美國人都宣稱自己苦於孤獨。有四分之一的成年人承認在過去兩周以來，曾經深深地感覺到孤單。這樣的情形好像非常地普遍。

城裏的街道上有幾千個人，但是不會看彼此一眼，就算眼光交接也不會笑，除非有人在中間幫他們正式介紹；在火車裏，大家並排坐在一起好幾個小時，但是也不會互相交談。這不是很奇怪嗎？

221

我覺得,孤獨的感覺主要是由兩種因素所造成的。首先
是我們的人數變得太多了。從前世界上人口還沒有那麼
多的時候,我們對人類這個大家庭的隸屬感應該會比較
強烈,對彼此的認識比較深入,對互助合作的需要也比
較大。即便是今天,在那些鄉下的小村子裏,大家都認
識,工具和機器也都會借來借去,重大的工程就大家一
起來。更早以前,他們甚至常常聚會,一起上教堂,一
起禱告。那個時候的人,溝通的機會比較多。

現在地球上的人口太多了,好幾百萬人擠在大都市裏。
看著這些人,我們還會以為,他們唯一要做的事情就是
去上班和領薪水。每個人好像都過著獨立的生活。現代
化機器給了我們很大的自主性,而我們也以為——當然
是錯的——別人愈來愈不能影響到自己過得好不好。於
是,這樣的情況助長了冷漠和孤獨的感覺。

222

第二個感覺到孤單的原因，就我看來，在於現代社會中大家要做的事情都太多了，連去跟人家說個話，即使只是問他「好不好」，我們都會覺得浪費了兩秒鐘的寶貴人生；才結束一天的工作，就把頭往報紙裏栽：「看看有什麼新聞！」跟朋友聊聊天，那是浪費時間。

223

在城市裏，我們常常認識很多的人，見了面要打招呼，但是這樣就可能和每個人都得聊上兩句，有點麻煩。所以我們會避免接觸，如果有人來跟我們說話，我們就會覺得好像受到侵犯似的。

224

住在大城市的人會覺得孤單，意思不是說他們沒有人作
伴，而是沒有人關心。這樣可能會讓他們的心理變得很
不健康。另外一方面，那些在一種溫暖氣氛下長大的
人，身、心和行為都會有比較正面與和諧的發展。

225

我們的社會愈來愈不人性，我們的生活變得很機械化。
一早出門工作，下班後就到酒吧或別的地方去玩樂。然
後喝得醉醺醺的，很晚才回家，睡沒幾個小時天就亮
了，於是半睡半醒地又得趕去上班。都市人不都是這樣
過了好一部分的人生？再說因為人人變得好像某種機器
的一個零件，不管我們願不願意，都得配合整體的節
奏。過了一段時間之後，這樣的情況變得難以忍受，於
是我們就開始把自己封閉在冷漠裏頭。

226

晚上不要太常去買醉，工作做完了，最好就回家，安安靜靜地吃頓飯，喝杯茶或其他飲料，看本書，讓自己放鬆，然後懷著輕鬆的心情上床睡覺，早上早點起床。如果你是在神清氣爽的狀態下出門工作，我想你的生命一定會有所不同。

227

大家都知道孤獨的感覺沒有好處，令人不快，我們都應該想辦法對抗它。不過因為孤獨的成因和狀況非常之多，所以要及早防治。做為社會基本組成單位的家庭，應該成為一個給我們快樂，讓我們可以在愛和關懷中獲得充分發展的地方。

228

如果你對別人有怨恨之心，別人對你自然也會有同樣的
感覺，於是懷疑和恐懼就會在你們之間造成距離，使你
們覺得孤單和孤立。你身邊的人不見得都會對你有這種
負面的感覺，但是由於你自己的一些情緒，有些人可能
就會用負面的眼光來看你。

229

如果孩子們在家裏和學校裏，都能夠在一種溫暖的氣氛
下長大，那麼他們成年後入社會，就有能力去幫助別
人。這樣的孩子就算和人第一次見面，也不會緊張，不
會害怕跟對方説話，他們會讓整個氣氛都不一樣，讓人
不再覺得那麼孤獨。

230

當我們內心充滿憤恨的時候，整個人無論是生理還是心理都會覺得不舒服，大家都看得出我們在生氣，沒有人想跟我們在一起。除了蚊子和跳蚤，因為牠們就只想吸我們的血而已，不然，連那些動物看到我們也要逃之夭夭！我們會變得沒有胃口，覺也睡不著，有時候還會生潰瘍，如果這樣一直下去，肯定會讓我們在這個世界上剩下的日子又少了好幾年。

何苦呢？氣到頭來，我們還是永遠不可能讓所有的敵人都消失。你們聽過有誰有辦法做到這樣？只要我們心裏住著憤怒或怨恨這樣的內敵，就算今天把一切外敵都消滅得一乾二淨，明天照樣又會生出新的來。

231

我們真正的敵人，是那些心靈的毒素：無知、怨恨、慾望、妒忌和驕傲。只有這些能夠摧毀我們的快樂。尤其是憤怒或怨恨，世界上大部分的不幸，從家庭紛爭一直到最大規模的衝突，都是由它們所引起的，它們會讓任何愉快的情況變得令人難以忍受。沒有一個宗教會鼓吹它們的價值，大家強調的都是愛和慈善。我們只要去看各種對天堂的描述，就知道裏頭講的都是和平、美、奇花異草和美麗的花園，從來沒有人——就我所知——會說天堂裏有什麼戰爭和衝突。由此可見，生氣真的一點好處也沒有。

232

怎麼樣處理自己的憤怒？有些人認為這不是一個缺點。
那些沒有習慣觀照自己靈性的人，會覺得憤怒是他們天
性的一部分，不應該壓抑，而是要表達出來。如果真的
是這樣，那麼我們也可以說無知和文盲是我們性靈的一
部分，因為我們剛生下來的時候什麼都不知道。然而我
們卻要盡一切努力來消除它們，沒有人抗議說這些是我
們的天性，應該要保持原狀。那麼為什麼不能用同樣的
方式來對待破壞性更大的怨恨或憤怒呢？這實在很值得
一試。

233

學習需要時間。雖然我們不可能什麼都知道，不過變得比較不那麼無知是好的。同樣的道理，要從此以後都不再生氣是很困難的，但是我們如果可以做到某種程度，還是值得一試。當然，你也可以回答我說這是你的事，跟我沒有關係！（大笑）

234

心理學家也許會對你說，不要壓抑像憤怒這樣的情感，應該要把它發洩出來。無論怎樣，他們也不會對你說要去培養或發展它。要學著去看到憤怒的缺點，就算你認為自己的性格裏頭就是有這樣的成分，但是你也不能否認，還是不要留著它比較好。

235

儘量避免那些會讓你反應激烈的狀況，如果狀況還是發生了，那就試著不要發作。如果你碰到一個人，就是有那種會惹你生氣的天賦，也要強迫自己忘掉對方這種令人討厭的特質，用另外一種角度來看這個人。

236

那些被我們當成仇敵的人，不是一生下來就和我們作
對，而是歷經了一定數量的意念和行為之後，才會變成
這樣的，我們也才會給他們貼上「敵人」的標籤。如果
他們對我們的態度來個全面大轉變，那又成了朋友了。
所以同樣一個人，可能某天是「敵人」，另外一天又成
了「朋友」。這真是很荒謬。

237

要把一個人和他當下的態度這兩者分清楚，要反對的不是人，而是一種情緒或一個行為。不要存著害人的心，試著去幫助他改變，儘量地對他好。如果你讓他看到你的愛心，而你只是想讓他不要再做出某些行為，有可能他很快就不會和你作對了，他甚至可能變成你的朋友。

238

人家如果傷害你們，沒有必要去忍受，要起來反抗，但是不要去恨犯下這個行為的人，不要氣他，不要想說要報仇。這樣你的反應就不會是一種報復的行為，一種冤冤相報。這樣，才是真正的有耐性。我們在生氣的時候，很難做出正確的判斷，所以要先放下你的怒氣。

239

最近，我到耶路撒冷去的時候，參加了一場由以色列和巴勒斯坦兩邊的大學生所舉行的討論會。最後，一個巴勒斯坦人站起來說，如果他們像現在這樣好好談，一切都沒有問題，可是一旦他們走在街上，情況就不一樣了。當那些以色列警察把他們攔下來的時候，他們會很生氣，把以色列人都當成敵人。他不曉得該怎麼辦。於是他們就一起討論，最後想出了一個主意，那就是要把對方看成是「神的形象」。一個學生宣稱：「我們在面對那些傷害我們的人時，就要想說，這個人是神的一個形象，這樣你就不會生氣了。」這不是一個很好的主意嗎？我個人是覺得這個方法太棒了。

240

有個人寫信跟我說，他打坐的時候，腦海裏就會出現達賴喇嘛的形象，這讓他感到非常舒服。現在，他每次要生氣的時候，就會想到我，然後就不氣了。我不曉得我的照片是不是有讓人消氣的作用（笑）。我覺得還不如說，當我們突然發怒的時候，不要把注意力集中在那個讓我們生氣的東西上，而是要去想某個我們喜歡的人或事物，這樣至少在某種程度上可以讓我們的心靈平靜下來。譬如你們可以去想你們心儀的男性或女性，你們的注意力就會被分散，然後，就像我們說的「兩個念頭不能一起出頭」，我們的心靈會自然而然地走向這新的形象，只要它比前面一個更強烈的話，前一刻還在我們腦海裏縈繞的，就會消失於無形。

241

我常常説，如果任由自己發怒，不見得會對我們的敵人
不好，但是會傷害到自己，這倒是很肯定的。我們會因
此失去內在的和平，什麼事情都做不好，消化不良，睡
不著覺，客人來了也不想見，兩道憤怒的眼光朝著那些
竟敢擋在我們前面的人掃過去。如果家裏有養寵物的，
就再也沒有心思去餵牠。我們會讓身邊一起生活的人，
日子難過得過不下去，甚至和最好的朋友愈來愈疏遠。
由於能夠體諒的人愈來愈少，於是就愈來愈孤獨。

至於那些我們的假想敵，它現在可能正安安靜靜地坐在
家裏。如果有天我們的鄰居跟他説他們看到或聽到的，
他一定會非常高興。如果他聽到人家跟他説：「他現在
過得真的很不好，東西也吃不下，臉色蒼白，頭髮亂七
八糟，睡不好覺，必須吃鎮定劑，沒有人來看他，連他
的狗也不敢靠近他，只能成天在那邊哀嚎。」他聽了一

定很高興。如果他又聽到，人家最後不得不把我們送進醫院去，那簡直就是樂壞了。

242

慾望的目的是獲得滿足，我們如果被它控制住了，想要的一直增加的話，那目的就永遠沒有辦法達成，得到的不是快樂，而是痛苦。在我們這個時代，大家常常講到性開放。問題是，一旦我們為了享樂而毫無節制地耽溺在性裏面，就沒有辦法獲得一種比較持久的滿足感，然後就會生出一大堆問題，那惡果——遭到配偶遺棄的痛苦、夫妻離異、孩子的生活被弄亂、性病、愛滋病——都是我們之前獲得的片刻歡愉所沒有辦法相提並論的。

243

慾望有一項特性，就算我們覺得已經滿足它了，它還是
會一再出現，而且一次比一次強烈。那些自甘墮落在慾
望陷阱裏的人，就有點像口渴的人喝海水：愈喝愈渴。

244

什麼事情都有個限度。譬如說我們想要變得富有，也許我們以後能夠賺非常多的錢，但是如果有一天情況不允許我們擁有得更多，我們就會有挫折感。與其受限於外界，還不如自己給自己一條界線，讓我們都來降低自己的慾望，學著知足。

245

慾望真是會製造各種沒完沒了的問題。慾望愈多，就愈需要精打細算，然後花力氣去實現。不久以前，有個商人對我說，他生意作得愈大，就想要再大。他愈想辦法還要再大，就得說更多的謊，對競爭對手愈不留情。他發現總是想要更多並沒有意義，他只要把生意的規模縮小一點，競爭就不會那麼激烈，這樣他就可以心安理得地工作。我覺得他說得很對。

246

我的意思不是說不用再去從事貿易或發展規模，經濟上的成功是一件好事，它尤其可以讓那些失業的人有工作可以做，這樣對自己、對別人、對整個社會都好。如果全部的人都過著出家人的生活，靠施捨度日，經濟就會崩塌，我們所有的人都要餓死了！（笑）我知道到時候佛陀一定會怎麼說，他一定會對比丘們說：「現在，大家都出去幹活！」（笑）

247

人性的價值不應該在經濟發展中被犧牲掉，一定要使用
正當的手段，不可以為了利益而讓自己良心不安。如果
利益能夠證明一切，那麼我們為什麼要廢除奴隸制度
呢？我認為那些高貴的理念才是進步的真正動力。

248

忌妒會讓我們很不快樂，並且阻止我們在心靈上的進步。如果忌妒是以攻擊的形式表現出來，那還會讓別人受到傷害，這是一種非常負面的情緒。

249

忌妒是很荒謬的，它除了在我們內心製造出新的痛苦，
並不能讓我們所忌妒的那些人少賺一點或變得比較不
好。忌妒心還可能強烈到促使我們去摧毀別人的成功或
財富，還有什麼比這個更卑鄙的呢？這樣遲早一定會自
食其果的。

250

忌妒是很荒謬的，因為一個社會的繁榮，靠的是這個社
會上的每一個組成分子。如果有人發達了，社會就能夠
從中獲得利益，所以說，在某種程度上，對我們也是好
的。我們如果看到某人飛黃騰達，不要憤憤不平，而是
要去想說，這樣對我們也有好處。

251

如果那是一個我們所鍾愛或所扶持的人，那麼我們只會
樂見其成；如果我們不是很在乎他，但是他的成功對整
個社會有利的話，那麼我們還是應該要感到高興。如果
我們只有一個人，並沒有辦法讓國家興旺起來；國家要
強盛，需要很多人的努力和天分一起投入。既然這人是
眾多能人中的一個，所以這是個好消息。

252

就算去假設那些比我們富有和聰明的人只會為自己牟利，像這樣被忌妒心弄得透不過氣來有什麼好處？為什麼別人就沒有權利擁有我們自己想要的呢？

253

另外一種形式的妒忌，我覺得比較情可有原──儘管它仍不失為一種非常負面的情緒──那就是配偶之間有一方出軌時，對方心裏那種受到欺騙的感覺。假設現在有很相愛的兩個人，決定生活在一起，彼此體諒，完全信賴對方，還生了小孩；然後有一天，其中一個有了情夫或情婦，另外一個當然會不高興，這是很容易理解的。忌妒者本身也要負起一點的責任。有個人對我說，他曾經結過婚，但是呢，隨著他和妻子的關係愈來愈親密，愈來愈瞭解對方，他開始覺得愈來愈焦慮，甚至有種強烈的嫌惡感，害怕兩人有天會彼此完全無法遁形；夫妻間開始出現緊張，最後那個太太離他而去，和另外一個男人住在一起。

他的反應令我感到很訝異。如果是兩個人一起生活，彼此愈來愈親近是很正常的；而且愈是親近，就愈沒有必要隱瞞。

255

驕傲最大的壞處，就是它會讓我們不知長進。如果你以為：「我全都知道了，我實在很了不起。」那你就再也學不到什麼！然而一個人如果說會碰上什麼很糟糕的事情，這可以算是其中之一。

255

驕傲也會造成眾多的社會問題。它會招致忌妒、自以為
是、輕蔑、冷漠，有時候還會促成各種對他人的濫權或
暴力行為。

256

不要把驕傲和自信搞混了。自信是不可或缺的，自信讓
我們在某些情況下，還能不喪失勇氣，很有理性地對自
己説：「我可以成功。」再説，自信也和過度自信不一
樣，後者是基於一種對自我能力和情勢的錯誤判斷。

如果你覺得自己有能力完成一件別人沒有辦法順利達成
的任務，只要你不是空口無憑，別人就不能説你是驕
傲。這就好比一群身材矮小的人，想要去拿一個放得很
高的東西，一個高大的人走過來對他們説：「大家不用
那麼累，讓我來就可以了。」這意思只是説，他比他們
更適合從事某種特別的工作，而不是自以為較優越，可
以去欺壓別人。

257

驕傲從來就是沒有道理的，它根據的只是對自我的錯誤
評估，或基於一時和表面的成就罷了。別忘了驕傲是有
害的，要對自己的缺點和能力範圍有所意識，要知道我
們和那些被我們認為比較低等的眾生，基本上沒有什麼
兩樣。

258

有些人歷經一些很悲慘的事件，他們眼見家人或其他眾生被殺害、強暴或虐待。數年之後，他們仍然一直受到這些景象的糾纏，而且經常沒有辦法對人說起。要幫助這些人很不容易，心理受創的程度和治療的速度，頗受到社會和文化條件的影響。宗教的角色也很重要，我尤其想到藏人的例子，由於信仰佛教，他們比較不會因為遭遇悲慘而變得比較脆弱。

259

如果受害者有那種能夠寬恕的開放胸襟，如果那些曾經犯下強暴、虐待和殺生的人，知道自己的行為有多麼嚴重，並且有贖罪的意願，讓雙方見面其實不無助益。這樣不但能夠讓兇手有機會承認自己的錯誤並且表達最真摯的歉意，也可以讓受害者至少化解他心中一部分的怨恨。如果雙方都能夠找到和解的空間，這不是最好的事情嗎？

260

遭到嚴重創傷的，不一定只有受害人，那些加害者有時
也會。有些士兵，譬如那些參加過越戰的老兵，還會一
直沒有辦法忘懷他們當初所犯下的殘暴行為；即使過了
很久，他們還是會做惡夢，夢裏又重新看見那些殺戮、
爆炸和無頭屍的場面，他們的精神也因此深深地受到攪
亂。

261

那些因此而變得脆弱的人，他們最常見的問題，就是沒
有辦法從周圍的人獲得支持和鼓勵。別人所展現出來的
善意、犧牲精神和慈悲，可以減輕他們的痛苦；但是我
們社會上缺乏的常常就是這個，所以那些受害人會覺得
孤立無援。

然而，幫助他們，以小組或個人的方式來和他們交談，
採用各種方法來減輕他們的苦惱，卻是有可能的；引導
他們，讓他們知道他們不是自己一個人，很多人都跟他
們一樣有同樣的困擾，而且許多人都可以走出來。和他
們談論那些我們自己也可能經歷過的痛苦和折磨，跟他
們解釋我們是怎麼樣跳脫出來的。

262

當然，光有心理學的理論和方法是不夠的，我們還必須
有純粹的動機和真誠的心。要有耐性，無論投注多少時
間都願意。一個人的心靈如果受到很大的傷害，光是對
他說幾句安慰的話是不夠的。

263

根據經驗，那些在平和的氣氛下長大，並且能夠穩定地發展其人格的人，要比一般人更懂得怎麼樣來面對精神的創傷。反過來說，那些從小生活環境裏就充滿衝突和暴力的人，他們的反應就常常是消極的，而且復原的時間也比較久。

264

我們的身體如果很強壯的話，就比較不怕生病，而且復
原得比較快；同樣的道理，我們的心靈如果很健康，就
比較能夠去承受那些意外慘劇或不好的消息。如果我們
的心靈衰弱，這些事件就會對我們造成更多、更持久的
震撼。

這意思不是說我們一出生就被限制住，永遠沒有辦法改
變。透過自我訓練，一定可以改善一個人的心靈健康。
不過，我還是要再強調一次，教育、家庭環境、社會、
宗教、媒體，以及其他形形色色的因素，都扮演著決定
性的角色。

265

如果你經歷過一件很悲慘的事，要知道你現在的憂慮和
恐懼，都只是平白地讓自己又多受很多苦罷了。把你的
問題說出來，發洩出來，不要因為保守或不好意思，就
把它埋藏在心裏；要對自己說事情已經過去了，一直去
想它也沒有什麼用，讓自己儘量去想到人生的光明面。

266

同時也要想想，你的痛苦是怎麼來的。那些會去害人的
人，都是受到了三毒，也就是貪、瞋、癡的支使，沒有
辦法控制自己的意志。然而我們每個人心裏都有這三樣
毒素，我們只要被它們所矇蔽了，也會做出最極端的事
情來。反過來說，一個罪犯如果能夠控制住他那些負面
的情緒而變成一個好人，這也是有的。我們對人的看法
不能永遠不變。

267

我們有可能在天性或環境的驅使下，去做出一些平常沒有辦法想像的事情。在種族主義或民族主義那些空泛概念的誘惑下，一些不見得會作姦犯科的人，也是會去犯下極其暴力和殘酷的罪行。別人對我們作惡的時候，我們如果知道要這麼想，就會瞭解，造成我們痛苦的，其實還有很多其他的因素，不可能把過錯都歸咎於某一個眾生，或某一個因素，這樣我們就可以從不同的角度來看問題。

268

有時候我們在不認識的人面前，會內斂和疏離到很誇張
的地步，這不是一種理性的行為。事實上，我們沒有理
由去害怕和別人接觸，我們只要想說這些是和我們一樣
的眾生，有著一樣的感動和需要，就很容易打破那層冰
霜，建立起溝通。

269

我每次和人第一次見面，就會對自己說，無論怎樣，他
還是一個人，和我一樣想要離苦趨樂；他的年紀、身
高、膚色和社會地位都不重要，基本上我們之間沒有不
同。在這樣的情況下，我對他就可以像對家人一樣開
放，再也不會有任何害羞的模樣。

270

害羞通常是由於缺乏自信，以及對形式和禮俗太過墨守成規所造成的。我們被囚禁在那個我們想要呈現給別人的形象裏頭，舉手投足都很不自然，而我們的本性還會不時在那邊催促，一點商量的餘地也沒有。就好像我們尿急想上廁所，雖然可以暫時假裝沒事，但是可不能永遠這樣撐下去呀！

271

害羞也有可能是想要自我保護，自我意識太強的緣故。
不過很矛盾的是，我們愈是自我保護，就對自己愈沒信
心，變得愈害羞。相反的，我們愈是用愛和慈悲來對別
人開放，就比較不會那麼只想著自己，就會更有信心。

272

在人的一生中，我們至少都需要一點勇氣來作出一些決定。既然衝動之下所作出的決定是不好的，那麼某種程度的猶豫就是必要的，這樣我們才有時間來對情況作出正確的評估，或去請教比我們有見識的人。猶豫不決只要不太過，都是有用的。不過一旦正反兩面的意見都評估過了，無論我們必須去面對的是什麼樣的問題，就要有能力做出決定。

我承認我有時候也做不到自己的建議，像我在跟噶廈（Kashag，西藏流亡政府的內閣）的成員開會時，有時候我會對一個議題作出決定，但是吃過午餐之後，又會生出另外一個想法，這時候我就會想：「早知道就不要那麼快下決定！」（大笑）所以，我也沒有什麼好建議的！

273

「不喜歡自己」是一種很負面的態度,如果我們稍為往表面之下探索,就會發現,這樣的情緒其實肇因於對自己的期望過高,因為不計代價想要成為最好的,所以沒有辦法忍受在自我的理想形象上有一點點瑕疵。這是驕傲的一種。

274

我第一次聽到有所謂的自我憎恨時，覺得很訝異。我還
在想說，人怎麼可能會厭惡自己，就算是動物，所有的
眾生都是相親相愛的。後來我想了想，發現這其實是太
過自戀的關係。

275

可以確定的是，如果我們對自己不好，就不可能對別人好。如果我們想要真心地去愛別人，體諒別人，希望他們快樂，不用受苦，首先就要對自己有同樣的感覺。這樣我們才能夠瞭解別人也有跟我們同樣的期待，然後才有可能談得上愛和慈悲。如果我們連自己都討厭了，根本不可能去喜歡別人。這樣的態度如果不予以改善，那麼我們想要求得內心和平喜樂的機會，簡直微乎其微——人生就讓它這樣白白過去了，多笨啊。我也許不應該這麼說，但是這是事實。

276

要治療對自我的憎恨，就必須意識到你對自己的錯誤形象，然後去培養出一種真實而健康的，以你真正的人格為基礎的自信——要謙虛，要多去關懷別人。

277

那些酗酒和吸毒的人，通常都知道這樣會毀了自己，但是內心就是不夠堅定，沒有辦法戒掉。這一類的軟弱，就像我們前面談過的那種難以面對精神創傷的情形，常常是一種人格上的特質。

278

大家都知道毒品會損壞健康，讓我們的神智不清。就算它們能夠暫時平緩恐懼和焦慮，還是沒有辦法讓痛苦消失。它只不過暫時被遮起來罷了，想要脫離苦海，就得先認清楚痛苦的本質和成因，而服用這些藥物，會讓我們變得迷迷糊糊，根本辦不到。

279

我曾經在英國廣播公司（BBC）的頻道上看過一支電視紀錄片，裏頭有幾個俄國年輕人，宣稱吸毒的快感要遠超過性交。然而後一種快感，不管在人或動物身上，都是公認最強烈的。我們只看到這些毒品那種讓人忘了它們有多危險的效力，但是遺忘和昏昧怎麼能夠讓我們解決自身的問題？我常開玩笑說，我們的心靈已經夠迷失的了，不需要再雪上加霜。

280

教育、他人的支持鼓勵、理智地去分析毒品的各種負面效應，這些都可以幫助我們得到足夠的行動力。與其隨便找一個虛假和虛幻，而最後註定要變成痛苦的快樂，還不如在你們的內心裏，培養起一種不會隨著外在狀況而改變的和平和喜悅。就好像前面我在關於年輕人的禪思裏面所講到的，你們要以自己的長處為基礎，要對自己的本性有信心，學著自立自強，並且多關懷別人。我非常確定，一個人的勇氣，會隨著他為別人設想的程度而增長。

281

一般來說，我們為眾生和世間萬物所貼上的好壞美醜標
籤，根據的都是一己的慾望而已。我們喜歡的就說好，
不喜歡的就說壞，這都是自己的心發明出來的。如果美
能夠客觀地存在，那麼我們所有的人一定會不由自主地
受到同樣眾生和同樣事物的吸引。

282

性慾能夠同時把我們所有的感官感覺集中起來，在我們
身上發揮特別強烈的效應，並且以一種激烈的方式，來
讓我們的感知能力發生改變。談戀愛的時候，我們所渴
望的男性或女性，無論從哪一點來看，都是完美無瑕，
不會改變，值得永遠被愛。對方全身上下莫不散發出一
股非凡的氣質，我們根本不能想像沒有他（她）的日
子。不幸的是，由於一切都是無常的，所以我們本來覺
得可愛的，會在即使沒有什麼的一句話或一個動作之
後，突然失去吸引力。更糟糕的是，如果我們發現這個
我們眼中曾經十全十美的人移情別戀，那麼他甚至會變
得面目可憎。

283

如果這一類的愛戀讓你覺得太沉重,那麼請先放寬心情,從不同的角度來檢視自己的狀況。要想說,一切都是變動不居,而所謂的好的和令人愉快的,都是從我們的心所製造出來。這樣的想法可以讓你有另外一種觀點。有時候,只需要想像對方正在做一件完全不符合你對他的理想形象的事情,或自問,如果突然發現心愛的人背叛了你,到時候你會怎麼看待對方。

284

不要把真正的愛和愛戀搞混了，在理想的狀況下，前者是不求回報，而且不會因狀況而改變；而後者，只會跟著各式各樣的事件和情緒而改變。

285

至於戀人之間，或多或少取決於性的吸引力。唯有在我們的擇偶標準，不僅限於外表，還有對彼此的瞭解和尊重時，這樣的關係才能夠真切而持久。

286

我們常常會因為對現實的認知錯誤，而在並不是故意的狀況下作出誑語。藏人有個民間故事，說有個人看到一條大魚，人家問他魚有多大，他就一邊比一邊說，那條魚真的很大。人家繼續追問，到底有多大？那條魚的尺寸就開始縮小。別開玩笑了，究竟多少長寬、多少重量？這下子那條魚簡直成了一條小魚。但是我們不能說那個人一開始就在說謊，他只是有口無心罷了。

奇怪的是，有些人好像老是用這種方式在說話。西藏人對這一種現象可以說習以為常，當他們說一件事情的時候，都不用舉出證據，沒有人會去追問消息的來源或它是怎麼來的。那些有習慣求證的人，會比較注意他們說出來的話。

287

從某個角度來看，最好是不多嘴，只說重要的事情。語言是人類一項很特殊的才能，我們透過言語和概念，以一種人為的方式把事物給固定住；然而那些語言所指稱的對象，不但有著數不清的面向，不斷地變化，而且也是由用那樣數不清的原因和狀況所造成的。

當我們替現實的某個面向命名時，心裏就把其他所有的面向淘汰掉了，我們會用一個字去指稱某個特定對象，這個字只能用在這東西身上，讓人可以藉著它來辨別這東西。然後我們會根據該物品的用途來建立一套價值觀：這個是好的，那個是不好的，諸如此類。然而，我們根本不可能把本質加諸於任何事物之上，因為這樣而形成的世界觀，不是很片面就是徹底地錯誤。就算語言的內容十分豐富，它的能力還是很有限。只有非概念性的、「無分別」的經驗，能夠讓我們看到事物的本質。

288

語言問題在很多方面都會出現。譬如政治，那些政客會提出很多簡單的方案，來解決一些牽連甚廣的複雜問題。他們一副可以透過一些概念和字眼，像什麼馬克思主義、社會主義、自由主義、保護主義之類的，來找出解決辦法。他們從一大堆造成某種特定現象的因素和狀況裏頭，單挑出一、兩項，然後把其他的完全拋卻腦後。所以說他們從來沒有過真正的解答，而各式各樣的誤解都有可能。我覺得這就是問題的根源。很不幸的是，我們又不得不使用語言和概念。

289

最好在必要的時候才發言，沒有真正的必要而說太多
話，就好像任憑花園裏長出數千根雜草。雜草少一點不
是比較好嗎？

290

一般而言，如果有人批評我，或甚至對我出言不遜，只要他的動機純正，我都很歡迎。如果我們看到有人犯了錯，但是大家都一直跟他說沒有問題，這樣沒有任何意義，對他一點幫助也沒有。如果我們跟他說，他的所作所為不是太嚴重，同時又在他背後一直誹謗他，這樣也是不對的。當面把我們心裏想的說出來，該澄清的就要澄清，辨別是非曲直。如果有什麼不確定的地方，也要指出來。就算我們的話也許有點刺耳，但是還是要說出來。這樣事情就可以很清楚，閒言閒語就再也沒有立足之地了。如果我們只會甜言蜜語地維持禮貌，這樣那些騙人的謠言就永遠有生存的空間。就我個人來說，我喜歡直話直說。

291

有一天有個人跟我說：「毛澤東說要敢想、敢說、敢做。」沒錯，在工作上，在從事一件事情的時候，我們需要思考，我們也需要有勇氣說出我們的想法，而且說得到做得到。如果大家都沒有反應，那就不會進步，犯下的錯誤也沒有辦法修正。不過我們也應該要自問，我們接下來要說的或做的，是不是真的對事情有幫助。

292

如果我們用世界上最真摯的誠意，去說出了一些會傷人的話，而且還讓對方非常難堪，這樣我們那種太過粗暴，或說得太過直接的方式，就沒有辦法達到它的目的了。這個人需要的，也許是一個善意的謊言。

293

在小乘佛教中，有七種身體和言語上的惡業──殺生、偷盜、非梵行和妄語、惡口、兩舌、綺語。然而在大乘佛教中，如果是為了眾生的福祉而且不摻雜一點私慾在裏頭的話，絕對必要時，就連像殺生那樣的惡業也是允許的。

294

我認為大部分的時候都應該要說出事實，即使使用的是難聽的字眼，還是會有所幫助。不過不要不問對象，不看時機，用一種不純正的意圖或一種負面看事情的眼光來批評人，侮辱人。在這種情況下，我們的話會傷到別人，而且我們自己也會覺得不好過，一下子就會把氣氛弄僵了。

295

有時候，我們會在忽略、不知道的情況下讓別的眾生痛
苦。譬如，我們就很難意識到，動物也會感覺到快樂和
痛苦。我們對同為人類的痛苦，除非自己也經歷過，不
然都不能夠真正地瞭解。當然，受苦的是他們，不是我
們。並不是只要對自己說，「人家打我罵我的時候，我
會怎麼怎麼地難過」，就能夠對他們的感受有所體會。

296

有些人對於自己在眾生身上所引起的痛苦，絲毫不在乎。他們總覺得只要自己能夠全身而退就好了。這又是沒有自覺的關係。我們愈是讓別的眾生難過，就愈是在累積自己的痛苦。換句話說，就好像我們去損害這個社會，就是加倍地在損害自己。

297

如果我們對別人的態度很不好，那麼就要痛改前非，要承認自己的錯誤，但是也不要以為從此就不能好好地過日子；不要忘了自己做過的事情，但是也不要讓自己灰心喪志，在悔恨中一蹶不振。不要變得對什麼都不關心，因為那就跟得了健忘症一樣；自己要能夠原諒自己：「我曾經跌倒過，但是不會再重蹈覆轍。我是一個有能力改過自新的人。」如果我們絕望了，那就是因為我們沒有辦法原諒自己的關係。

298

如果可能的話，就去探望那些曾經被我們害過的人，真心誠意地對他們說：「我從前對你很壞，對你做過很多錯事，請你原諒我。」如果對方接受我們的道歉，心裏不再有瞋恨，這不就是佛教所謂的「懺罪」（confession réparatrice）嗎？

299

不過也不用講到什麼宗教觀念上面去，只要向那些曾經因為我們而受苦的人伸出手，承認我們做錯了，表達出真誠的歉意，讓對方不要再懷恨在心。當然，要做到這種地步，雙方都要有很開放的胸襟才行。

300

我相信害人的念頭不是天生的，它不是從我們一出生就
有，而是後來才出現的——它是一種由心靈所製造出來
的東西。希特勒因為開始覺得猶太人是有害的，應該要
消滅，而這樣的念頭，最後竟然強烈到讓所有其他的念
頭都黯然失色，讓所有慈悲的胸懷都消失無蹤。

301

所有把對方當成敵人的想法，都是想像出來的。用佛教
徒的話來説，這樣一種現象是假的，捏造出來的，和那
些天生就有的東西剛好相反。一個念頭跑出來，我們就
把它當成是真的，認為它非常重要，根據它來設計一整
套計畫，然後去執行這個計畫，一點也不在乎對其他眾
生所造成的痛苦。

302

如果要讓那些像這樣子搞錯的人能夠改變態度，首先就要去喚醒他們深刻的人性，然後設法讓他們至少從他們的意識形態中清醒過來，只有這樣才有可能跟他們講道理。如果還是不能，那就只好動用武力。但是注意，不是隨便什麼武力——就算這些人犯下的罪行再可怕，我們也總是應用人道對待他們。如果我們希望有一天他們能夠改變，這是唯一的可行之道。

303

要讓眾生——就算他們心裏充滿怨恨——有所改變，最好的方法就是愛了。如果你不斷地把這分愛表達出來，不鬆懈，不因人而異，那麼他們終究會被你感動。這個要花很多時間，要有非常大的耐性。但是如果你的意圖完全純粹，你的愛和你的慈悲能夠始終如一，你就必定可以成功。

304

對他人冷漠，可以說是一種最糟糕的缺點了。只想到自己，完全不管周圍人的遭遇，表示這個人的眼光淺短，思想薄弱，心胸狹隘。

305

從一受胎開始，我們就必須依賴他人。從我們這個世界
的幸福和未來來看，我們享有的一切設施，使用的大小
物件，一直到最簡單的日常生活，莫不是許多人努力的
結果。雖然祈禱和一些靈修之道也會產生某種作用，但
是主要還是人類的所作所為在造就這個世界。

306

一切都以互相關聯、互相依賴的方式存在，我們找不出一樣東西是自己生出來，只靠自己就可以存在的。所以根本不可能把自我利益和他人利益分開來談。

307

我們每一刻的所作所為，都會產生一些新的狀況，而這
些狀況則又會造成其他事件的出現。無論我們做什麼，
也不管我們願意不願意，我們都是這整個因果鏈中的一
環。同樣的道理，我們日後的快樂或痛苦，即使這一因
果循環的複雜程度遠遠不是我們所能想像，也是來自於
目前的因素和狀況。所以說我們對自己和對其餘眾生都
有責任。

308

冷漠的人，既不關心其他眾生過得好不好，也不在乎自
己將來快不快樂，這種人只能等著日後痛苦罷了。

關於信仰的禪思

309

每個人都有信仰和不信仰的自由。不過從你開始決定信仰一個宗教開始，請務必慎重其事，不要三天打魚，兩天曬網；不要任意而行，要做到思想和言論的一致。

310

有些人會覺得：「如果我信了佛教，我就一定要做到百分之百的完美，不然我就放棄。」這種不是全要就是全不要的心態，在西方人之間很普遍。不幸的是，要馬上達到完美是很困難的。

311

要達到目標，我們必須透過一種循序漸進的訓練──這不是很重要的嗎？也不要去想說：「我做或不做還不是都一樣，我永遠做不到。」給自己一個目標，找出達成目標的方法，照著去做，漸漸地，你一定能夠辦到。

312

每個人都有他的天性和靈性,適合某些人的不見得也適用於其他人。這一點,當我們去看其他的宗教和靈修法門時,一定要牢記在心。它們的多采多姿正好和眾生一樣,就算這些宗教和法門不見得也是用這種態度在看待自己,但是我們也不能否認許許多多的眾生都能夠一直在裏頭找到幫助。不要忘了這點,要去尊敬所有值得尊敬的宗教──這點非常重要。

313

所有的宗教都有它們的儀式，同時還有一些更基本的面
向。譬如說佛教的基本法門，就是要做到心靈的自主。
不過，由於這個很難辦到，而且需要持續不斷地努力，
所以就有很多人把它擺在次要的位置。於是一方面信
佛，另外一方面又不能把他的信仰堅持到底。我們只自
滿於那些外在的儀式，用一些很虛浮的方式來展現自己
的虔誠，念經的話也不過是嘴唇在動而已……。
藏人進行儀式的時候，喜歡用鼓、鈴、鈸和其他樂器。
在旁邊看的人會說：「看哪，佛教徒就是要這樣！」問
題是，事實上我們不太在乎怎麼樣才能夠讓精神脫離這
個虛幻的世界，不在乎愛和慈悲，不在乎覺不覺悟，而
這些才是我們應該全力以赴的佛教法門呀！真相難道不
是這樣嗎？無論如何，這樣只不過表示我們並沒有改
變，還是和其他的眾生沒有兩樣。

314

宗教就有點像藥。藥只有在我們生病的時候才有用，我們健康的時候它是沒有用處的。平時我們不會把藥品拿出來跟人炫耀說：「這個很棒，那個很貴，這一個顏色很漂亮。」不管外表怎麼樣，它們唯一的用處就是治病。如果生病的時候它們一點療效也沒有，根本沒有理由拿出來吹噓。

同樣的道理，一個宗教或一種靈修方式，應該能夠在我們的心靈陷入困境時發揮功用。如果我們在順利的時候把它拿出來炫耀，等到問題出現的時候，又像個逃不了一死的凡人一樣，那麼這個宗教又有什麼用呢？

315

重要的是，把我們所接收到的教誨和法門，深植在自己
的心靈上，然後每天實踐。這不是一下子就辦得到的
事，要透過訓練，慢慢地來。

316

沒有宗教信仰的人很多，但是這是他們的權利，沒有人可以強迫他們改變。重要的是，他們的生命要有意義，換句話說，就是能夠打從內心感到快樂，又不會傷害到別的眾生。如果我們把滿足建立在他者的痛苦之上，那麼我們自己遲早也是要受苦的。

317

生命頂多可以持續個百年左右，和地質學的年代比起來，這其實是很短的。如果我們把這麼短的時間都拿來作惡的話，那麼我們的生命就一點意義也沒有。所有眾生都有追求快樂的權利，沒有人有權利去摧毀他人的快樂。人類存在的目的，在任何情況下，都不是為了陷任何眾生於苦海。

318

就算我們的學問或財富已經登峰造極，如果不知道去尊
重和愛護別的眾生，那麼還是不配作一個人。在儘量不
要製造痛苦的情況下快樂地生活，就是人類應有的權
利，而且值得我們努力去實踐。

319

對我們其中大部分人來說，快樂建立在物質的擁有之上。但是，這些財産本身並沒有辦法讓我們感到滿足，這點是很清楚的。我們只要觀察一下周遭就知道，我們會看到，有些人什麼該有的都有了，但是他還是需要鎮靜劑或酒精來讓自己的焦慮平靜下來。另外還有一些人，一無所有，卻過得很快樂，很輕鬆，身體健康，還可以活到很老。

320

我再強調一次，最重要的是心靈上的滿足，而不是感官
那種立即、粗糙的滿足感。這就是為什麼行善、幫助別
人、減少慾望、樂天知命，都不只是關係到有宗教信仰
的人而已。這些對我來說，不是一些為了取悅上帝，或
保證投胎到好人家的辦法。我認為，凡是想得到內心和
平的人，都不能不這麼做。

321

隨著經濟和科技的進步，我們彼此之間的關聯變得愈來愈緊密。我們做的每一件事，遲早都會對這個世界產生影響，而這個世界的情勢，也會衝擊到每個人的快樂或不快樂。我們再也不能像從前那樣，用侷限的眼光來看事情，只考慮到一個元素、一個因素或一個原因，在我們這個時代，應該要面面俱到地去審視每一種狀況。

322

我的意思不是要大家只能為著別人，自己的快樂統統要
拋卻腦後。我要說的是：這二者息息相關。如果大家覺
得，這個地球上每一個眾生的幸福和和平，都和自身有
關，那麼我們就得學著用比較寬廣的眼光看事情，並且
重視每一個人的所作所為。

323

我們這個世界上大概有六十億的人口，在這六十億人當中，大部分關注的都只是物質上的舒適，對宗教和心靈生活則一點兒也不感興趣。所以說人類裏頭沒有信仰的人數佔最多，他們的想法和作法，一定會對世界的演變造成決定性的影響。所幸的是，只要是人，就能夠用人的方式來做事，不一定要有宗教信仰。

324

連那些行為合群的動物，都能夠吸引附近別的動物；而行為殘暴的，別的動物一看到牠們就逃。我們不是常常看到一些會讓別的狗——就算是大狗——都躲得遠遠的惡犬！

這個在人的身上就又更明顯了。那些能夠控制自己，心地善良，言語可靠的人，自然就有很多朋友。跟這種人在一起，我們就會覺得很舒服，連動物都喜歡靠近他們。這些人不管到什麼地方，都能夠製造出一股極其愉快的氣氛，讓人都不想離開了。

325

反過來說，如果我們的思考像脫韁野馬，言語偏激，舉
動粗暴，他人就會迴避我們，一見到我們就會覺得不舒
服。他們對我們想說的話不感興趣，如果我們作樣子想
跟他們說話，他們就把身體轉過去。在這種情況下，他
們怎麼開心或快活起來？而我們的日子也不會好過，不
是嗎？

326

儘管這個地球上的人很多，大家就只看到自己。不管是吃飯穿衣，還是在社會上覓得一個位置，功成名就，我們都得靠別人，然而我們卻把這些和自己休戚相關的人當成敵人，這樣不是很奇怪、很矛盾嗎？

327

然而，我們只要在言行和思想上，都能去關注別的眾生，這輩子——我且不說下輩子——就能夠過得很快樂，心安理得；這樣我們每次遇到困難的時候，就會有人來跟我們說話，幫助我們——這樣連敵人都會變成我們的朋友。

如果我們只想到自己，把別人都當成對手，就會碰上一些很荒謬，只能歸咎於自己的困境。活在現代社會裏，要避免競爭似乎已經不可能了，但是我們還是可以在不去壓迫別人的狀況下，做得比他們好。

328

大部分的修道人都會拋棄家庭生活。許多宗教，基於各種不同的理由，都把單身看得很重要。以佛教來説，成佛的第一步就是要從層次最低的做起，把心靈上的毒素統統排掉。而這些毒素裏頭最主要的，在輪迴的圈子裏把我們拴得最緊的，就是慾念。如果我們去看十二支緣起（也就是我們怎麼樣受制於輪迴的種種過程），會發現，一旦把慾念以及那種運作抽掉，過去所累積的業就不會起作用了。

329

在各種形式的慾念之中，性慾算是最強烈的了，因為它
同時包含了我們對視覺、聽覺、嗅覺、味覺和觸覺等五
種感官覺知的愛戀。這就是為什麼當我們要把慾念導正
過來的時候，首先就要針對那最熱切的下手，然後再從
最低層的逐漸往最高級的前進。用這種方式來降低慾望
並且養成知足的態度，才能夠在無所眷戀的道路上前
進。這就是佛教的觀點。至於別的宗教傳統，它們當然
也有自己的解釋。

330

在實踐的層面上,誓願出家,也就是過獨身生活,能夠讓人從一些會造成羈絆的關係中解脫出來。那些可以脫離世俗生活的比丘和比丘尼,就不用再去擔心別人的眼光。他們穿得很簡陋,把自己的物質需求降到最低。

331

如果結了婚，不管願不願意，都擺脫不了一定數量的社會責任，花費也比單身的時候高出許多；而花得愈多，就愈必須去工作、計算和預算。我們愈去工作、打算，遇到的敵對力量也就更多，就會更常想做出一些傷害別人的事情。如果能夠從家庭中走出來，像那些基督教的修女和修士一樣過著棄世的生活，每天祈禱五、六回，讀經，冥思，幾乎沒有任何活動也沒有任何世俗目標，這樣的轉變其實有很大的好處。

332

棄世退隱的人，臨終之時心裏會比較平靜。一般人則常常還有許多可以煩惱的：「我的小孩該怎麼辦？他們要怎麼上學？要怎麼生活？還有我的妻子，她會變成什麼樣？我的老伴沒有我之後自己要怎麼過？我那年輕的太太可能會去找另外一個男人過日子。」諸如此類的煩惱，臨死的時候最好都不要有，不是嗎？

在很多國家裏面，父親是一家的支柱。如果他死了，他的妻子會變得一無所有，不曉得該怎麼活下去，如果她還帶了小孩，那情況就更糟糕。

333

還沒結婚之前，我們會很擔心找不到配偶；結婚之後，我們還是沒有辦法高枕無憂。做先生的會問說太太是不是還肯聽他的，做太太則擔心丈夫再也不喜歡她了。真是複雜！

334

婚禮的花費也是很大的，又要講究排場。在印度，人們
會拿出一大部分的積蓄來舉辦婚禮，他們為了這筆經費
而節省，連飯都捨不得吃；等到婚禮一過，有的人苦於
膝下無子，有的人不想要小孩卻又有了，只好去墮胎。
這些煩惱能夠避免掉不是比較安靜嗎？身為比丘和比丘
尼的，有時也許會自問，如果去過夫妻生活是不是會比
較好，但是他們如果不要這麼想，心裏不是會比較平靜
嗎？單身生活真的是比較祥泰的。

335

有些人一定會覺得，我在這裏説的，是出於自私的立場；這點，我就沒有那麼確定。那些結婚的人是為自己結的，而不是為了別人。即使這樣，失敗率還是很高。至於那些誓願不結婚的人，譬如説基督教的修女和修士，他們卻可以一輩子都在幫助別人，照顧病人。我想到德瑞莎修女，她沒有丈夫，沒有小孩，沒有家庭，全部的時間奉獻給窮人。如果有家的人，要這麼做就很困難了。就算有那個意願，還有家事要做，小孩也要上學，諸如此類的一大堆。

336

在我們的流亡政府裏面，如果我們派一個比丘到哪個地方去工作，他就可以馬上出發；如果我們跟他說到哪個國家去，沒有問題。同樣的話拿去問一個生意人，事情就會變得比較複雜。他也許會跟你說：「我的店才開張，走不得，真是抱歉……。」

337

我現在要來談談那些負有教導責任的神職人員。宗喀巴
説過，無論我們修的是哪一種法門，都不應只是想改變
別人，自己卻依然故我。譬如我們教人家説，生氣不
好，那麼我們自己就不應該生氣，不然人家就不容易信
你；如果我們勸人家要節慾和知足，也是同樣的道理。

338

我認識的一個喇嘛寫信給我說，三十幾年來，在尼泊爾的西藏人蓋了很多寺院，廟堂都很高大，佛像都很昂貴，但是同樣在這個期間裏，沒有人去蓋一間學校、一座醫院。我很確定，如果換成是基督教的傳教士，一定不會這麼做。一些年輕的喇嘛，白天穿著袈裟，天黑了就換上西裝領帶，到一些上流社會的場合去，舉手投足之間，好像自己是個大人物或有錢的生意人那樣。我在想，佛陀會不會這麼做呢？

339

事實是這樣的，佛陀教我們要謙卑，要為別人奉獻犧牲，但是我們把這些當成耳邊風。依我之見，像這種偽善的例子，就很值得報章雜誌去揭發出來——不得不這麼做了。

佛陀曾說，要根據每個人的需要去傳法，而且自己要先說得到做得到。所以，在教訓別人該怎麼做之前，自己先以身作則吧。

340

佛教就像其他的宗教一樣，也包含了一定數量的，必須
以形而上的方式去研習，由上師傳授給弟子的法門；但
是只有出家人能夠透過親身的實踐，來對這些法做出完
全奉獻。儘管人數不多，但是在修行上，他們真的是我
們所謂「勝利旗幟」的旗手。藉著內心的平靜和深刻的
觀想，他們達成了禪修經驗和內在的實現，因此讓理論
性的認識有了生命。沒有他們，那些知識就會一直讓人
覺得有點神祕或矯揉造作。對他們，我只有鼓勵。

341

信心在任何宗教中都扮演著極重要的角色，這是毋庸置
疑的。不過它也必須基於一些真正的理由。二世紀時，
印度偉大的哲學家龍樹菩薩曾說，智與信必須攜手並
進。如果說佛教認為信為高級轉世之因，而且智為覺悟
之源，也有句話說「信心來自於清楚的認識」；換句話
說，就是要知道我們為何而信。

342

在佛教中，我們把信的過程分為淨信、欲樂信和決定斷疑信三個階段或層級。淨信是指當我們讀到某段經文，碰到某個超凡的眾生，聽到說起佛陀時所感受到的那種愛慕之情。欲樂信裏頭則有一種競爭的意思，也就是說我們想要認識、深入，變得跟我們所愛慕的對象一樣。這兩種信都不穩定，都不是建立在真正的知識之上。決定斷疑信則立基於透徹的瞭解，知道我們所嚮往的是可行的。支持它的是理性。在佛經裏頭，佛陀要求弟子們對他所說的不要盲信，而是要去驗證他的話，就像金銀匠在測試黃金純度時那樣敲它、燒它、拉它。

343

除非根基穩固，不然虔誠有可能只是一種虛幻的情感。
有些佛教徒，無論是不是藏人，會非常相信某個精神上
師。不過一旦這個上師死了，他們對他的信仰也突然消
失。他們會認為一切都結束了，道場也因此關門。但
是，從絕對的觀點來看，不管這個上師的肉身在不在，
應該不會有所不同。上師代表的是心的最高本質，他的
慈悲無遠弗屆。那些能夠體認到上師有這樣一面的人，
就不太可能對他的人類形象感到依依不捨了；他知道，
就算上師離開了他的軀殼，從本體的角度來看，他的祝
願和行誼卻總是在那兒。⑨

344

如果一旦他離開了這個世界，我們就覺得信仰失去了目標，那就是因為這個信仰裏面摻有依戀的成分。我們把這個上師看成一個普通的眾生，依賴他，就像我們依賴伴侶、配偶或親人那樣。在這種情況下，他一死，就真的不見了，然後我們就會不知道該怎麼辦。因此我們之前所感受到的，一定不是正信。

345

我認為有兩種方式可以避免宗教上的彼此排斥。一方面，我們要對所有的宗教信仰產生尊敬之心。譬如說，我是個佛教徒，我同時非常敬重基督教以及其他的宗教。另一方面，我們除了尊重別的宗教，也可以去實踐它。這就是為什麼有些人會同時信奉基督教和佛教，在某種程度上，這完全是可行的。

346

當我們在修行的道路上愈精進時，情況就不太一樣了。
當我們深入瞭解到「空性」（vacuité）以及萬物都是緣
起（interdépendance）時⑩，就很難同時接受一個獨立
自存、永恆的造物主的概念。同樣的，對那些相信宇宙
是由一位造物主所創造出來的人，緣起就有問題了。信
仰一個宗教到了一定的程度之後，我們會接觸到它的底
蘊，這個時候我們必須——這麼說吧，作出選擇。但是
這一點都不妨礙我們去尊重別的道路，只是很難同時去
實踐它們而已⑪。

347

此外，佛教還有個很特別的修行方式叫「皈依」。一旦皈依了佛之後，我不確定我們還可以皈依耶穌基督，譬如說不會造成兩難。我認為，在這種特殊的情況下，把耶穌基督看作是一個菩薩的化身。

【關於意欲皈依佛教者的禪思】

348

一般來說，我認為最好是跟父母信奉同樣的宗教。還
有，如果信了一個宗教，又改信其他的，這樣不好。

349

今天有很多人對心靈方面的事情都非常感興趣，尤其是對佛教，不過他們不會很仔細地去求證自己決定要走的這條路究竟是什麼。首先，你們要確定所選擇的和自己的天性還有志向能夠相符。要捫心自問，是不是做得到，做到了又有什麼好處。要去研究它的基本教義，雖然你們在真正信佛之前，沒有辦法完全認識佛教，但是你們可以對它主要的幾個部分先做一個相當的瞭解，並且加以認真的思考。在這之後，如果你還是決定信佛教，那就太好了。所以說，只有你才能夠讓自己更深入，並且在必要的時候立誓。

350

佛教中有很多形式的禪修，它們有的著重分析，有的專注於某特定主題，有的講究無分別，入定；主題的話，可能是無常，可能是無我，是苦，是愛，是慈悲等等。如果要正確地學習禪修，就必須遵從一位有經驗、值得信賴的上師的指導。

因此，指導你學佛的上師是非常重要的。這就是為什麼你應該曉得，一個真正的上師需要具備什麼樣的條件，並且根據這個來檢驗你的上師，然後再決定是不是要跟隨他。

351

採取任何行動都要謹慎，尤其不要輕言信佛。不要事先不經過思考，也沒有半點認識，只憑著當下的一股衝動，之後才又發現某某方法不適合你，或者是你根本辦不到。

352

有些人要是知道哪個喇嘛在哪裏講道，就會爭先恐後，對他毫無所知但是信心十足，完全不會想到要花時間去確認他是不是具備應有的條件，要過一段時間之後他們才會發現，原來他也有缺點。

有人聽說有個喇嘛就在他們那一帶，也不是真的認識他，不過還是馬上就信了。他們去聽喇嘛說法，還接受他的灌頂，然後有一天，他們的態度竟然發生三百六十度的大轉變。問他們為什麼，就怒氣沖沖地大吼大叫，原來那位喇嘛會對他們的女友性騷擾——緊接著他們把整個佛教都否定掉了。這些只曉得詆毀佛法的人，自己去投靠一個無能的喇嘛，然後要佛陀來為他們的失敗負責任，這是什麼意思呢？他們的態度根本就不對。在投入以前，要先把狀況搞清楚。

353

在佛教經文裏，常常提到對一位上師進行事前檢驗的重要性。如果我們不假思索，就和一個上師建立起一種心靈上的聯繫，等到這個沒有經過精挑細選的人的缺點露出來了，我們一定會覺得很糟糕。不管怎麼樣，一旦我們立了誓或接受了灌頂，最好不要再胡思亂想。

354

任何眾生，都同時具備了缺點和優點。佛經裏說，一個心靈導師應該要有超越常人的優點，這究竟是什麼意思呢？假設現在有個人得到了一種極其難得的口傳，就算他沒有什麼學問，嚴格地說，從他畢竟得到這個殊勝法的事實來看，他還是有某些我們所沒有的東西，就這個意義上，他是比我們強。

355

如果我們跟了一個不好的上師，且接受了他所傳習的佛法，無論怎麼樣，我們還是應該感謝他。換句話說，覺得對方不過爾爾，或是更糟糕的，突然對他生出厭惡之情，都是不太正確的心態。就算我們後悔跟了他學習，他畢竟曾經指導過我們的心靈，所以最好要避免這種極端的態度。

這意思不是說，一定要跟著他繼續學習，我們有不再和他見面的自由。如果你曾經向某人學習佛法，可以的話，最好是培養出對那個人的信心。如果沒有辦法辦到這點，那也要保持中立，不要生出好的或壞的想法。

356

大家不要想著，一信了佛教之後，就馬上可以飛天穿牆，未卜先知。佛法的主要目的在成為自我心靈的主宰，而不是獲得特異功能。如果我們可以掌握自己的心，自然而然那些所謂的「超能力」，就會慢慢地跟著來了。不過如果以這個為主要目的，我非常懷疑這些人所實踐的是不是佛教。不是佛教徒也可以有這一類的能力，聽說連前蘇聯國家安全局和美國的中央情報局，一度都對這感到興致勃勃。所以大家一定要留心。

357

在我們實踐佛法的過程當中，一剛開始常常勇氣十足，然後等著收穫，最後變得無精打采，從此漠不關心——這就表示我們的眼光太短淺。希望很快地有所收穫是錯誤的——除非像瑜伽士密勒日巴（Milarepa）那樣，曾經下了很大的功夫。佛經上說，佛陀在歷經三大阿僧祇劫（trois grands éons incalculables）⑫之後才成佛，這聽起來意義不是很深遠嗎？那我們光靠幾年的閉關又怎麼可能辦得到？這也顯示出我們不懂佛法。我們有時候會以為搖上個三年的金剛鈴（clochette）⑬，就能夠達到佛陀那樣的境界，這不是一種認真的態度。

358

能夠熱中於佛法的修行，是很好的事情，不過如果説佛陀是累積了三大阿僧祇劫的福德和智慧，那麼就要謹記，我們也需要經過這麼長的時間來達到最終的覺悟。根據大乘經論，佛陀在法身（coprs de sagesse）中證悟，過了許久之後，又作應化身（coprs d'apparition），好像要把這整過證悟的過程再從頭來過一遍似的。但是大家再想想，他這麼做難道沒有道理嗎？我們這些追隨佛陀的人，要時時刻刻去反省這樣一個事實，那就是，連佛陀上一次在世的時候，仍然花了六年的時間來苦修。這麼想也許可以讓我們的眼光不至於那麼淺短。

359

的確，照說從金剛乘的方便法門的話，可以不用祛除各種負面情感而很快地成佛。但是這其中不是沒有危險的。在密勒日巴傳中，有一個喇嘛對他說：「果，使用殊勝，晝思維，晝成就；夜思維，夜成就；根基好的，有宿因善根的人，無思維的必要。」❶密勒日巴很確定自己就是那種根基好的人，所以只是睡大覺。如果我們也犯了這種理解上的錯誤，我們很可能一開始滿腔熱情，但是很快就會鬆懈下來。反過來說，如果我們的熱誠是建立在對法的運行有真正地認識，那麼就不會冷卻了。瞭解到這點是很重要的。

360

宗教都會教導我們一些彰顯人性優點的戒律和道德規則。有些人——尤其是佛教徒——會忽略了這一個道德面向,只對打坐禪修感到興趣,希望從中得到一些神奇的效果。當他們發現完全不是那麼回事時,必然會感到失望。

361

修行的目的不是為了獲得神奇能力，而是改變我們的生命。主要的問題是：我們都還不願意在這上頭投入必要的時間。我們以為佛陀雖然需要幾世幾劫來成佛，但是我們只要三兩年就可以有所成就。在我看來，這就是為什麼大乘佛教是不可或缺的了。等到我們對大乘有了深刻的認識之後，萬一還是對金剛乘有愈來愈濃厚的興趣，這時儘管需要歷時無數劫，我們才會有足夠的堅定來走這條路，但是有了這樣的決心之後，我們就可以修習金剛乘，把它當成一種能夠快速地讓我們產生內心平靜和深刻觀想的法門，而且這樣也比較容易成功。

362

反過來説，如果我們沒有一點根柢，就去投入金剛乘，
我們可能會以為自己可以毫無問題地達到佛陀的境界，
像人家説的「一生成佛，一身成佛」。我們可能會把所
觀想的幻化天神，當成是宇宙的創造者，並且認為如果
我們相信他，他就會賜給我們力量、長壽、財富和其他
一些有的沒有的東西⑭。這時我們一點兒都不在乎修行
的主要目的──也就是怎麼樣才能夠排掉心毒，成為自
我心靈的主宰──而把那些附帶的東西看得非常重要。

363

有些人不是特別相信佛法，卻對它有一種純學院的興趣。另外有人雖然相信佛法，但是僅止於智性的研究和從中獲得一種純理論的知識。問題是，佛法不是一項有待汲取的新知，它唯一的目的在幫助我們改變我們的存在狀態。如果學了佛法之後，我們不從禪修來實踐，那它就一點用處也沒有。我們有可能變成所謂「麻木不仁」的佛教徒，也就是懂得佛法的理論，也能夠高談闊論，就是不識「箇中滋味」，因為他沒有把這些轉化為活生生的經驗。反過來說，如果我們把佛法應用到自己的內在，我們就能聞見那真正的味道，就不會變得麻木不仁了。所以說，一定要緊緊地把佛法和自己的心結合在一起，認識和實踐要並駕齊驅。

364

那些想嘗試出家生活和長期隱修——譬如西藏傳統中的三年閉關——的人，應該要透過那些「前置作業」⑮，做好充分的準備。否則待在四面牆壁中間，不能正確地完成這些能夠把我們的心導上正途的修行法門，實與坐牢無異。譬如該禪修的時候，我們只是念一些經，腦子裏什麼都不想，這樣的閉關實在沒有大用處。閉關之前我們是個普通的眾生，出來之後也是沒有兩樣。更有甚者，我們還變得比從前更驕傲，因為我們自以為曾經閉關三年，就有資格被人稱為「喇嘛」了。這有什麼用呢？

反過來說，仔細作好事前準備，按時進行那些主要的修習，之後再去閉關三年，這樣才確定我們出來之後能夠有不同的思考、言談和反應。不然我們至少也受過訓練，這樣已經很好了。

365

如果你想成為佛教徒是為了獻身人道工作，這樣很好。
但是請先確定你的動機完全純粹。因為，如果我們還沒
有皈依佛⑯，也不是懷著愛和慈悲來從事社會工作的
話，這樣的行動本身對佛教來說，並不是一定要的。
這就是為什麼你應該要花時間在一些修行期上，然後在
這些期間內去皈依，去對無常、苦惱等等進行禪思。

註　釋

法譯註

52
①龍樹菩薩（Nagarjuna），出生於第二世紀，是佛陀思想的一位主要注經家，提出中觀（Madhyamika）哲學，後來成為大乘（Mahayana）佛教的兩大思潮之一。

②寂天（Shantideva），七世紀時一位很偉大的佛教上師、詩人和印度哲學家。上師在他的名著入菩薩行（Bodhicaryavatara）中，開示了菩薩──指意欲成佛以解救眾生脫離苦海者──應有的行為。

53
③金剛乘（Vajrayana）是佛教的三乘之一，其他二乘分別是小乘（Hinayana）和大乘（Mahayana）。金剛乘的名字來源，是因為它描述了眾生和萬物的最高本性，好比鑽石一樣，是不滅而且不會變動的。金剛乘的特色之一，在於提出很多非常靈活，可以快速讓人達到覺醒境地的修行辦法。

54
④達賴喇嘛這裏所謂的準則，就佛教的意義來說，是指不要去做會傷害到其他眾生的行為。

101
⑤佛教中所謂的功德，指的是那些能夠在我們「心智流」（courant mental）中留下印記的有益行動和正面力量。這種能量接著又會產生一些有益於快樂的心智傾向，或早或晚，端看它是不是和一些負面的印記在一起；不過也會透過一些緣起的作用，產生一些諸如健康、財富等的物質條件。

108
⑥密續是佛教金剛乘的基本經文。

114
⑦這樣的建議，在通常認為死了以後就什麼都沒有了的非教徒看來，也許有點空穴來風。但是達賴喇嘛在這裏是以一個佛教徒的立場在發言，對他來說，精神和身體兩者的本質不同，所以根本沒有辦法想像，非物質性的精神，會只因為我們物質性的身體死亡了，而隨著消失。微妙精神會在死亡之後和投胎轉世之前，繼續它的道路，至於它會形成一個什麼樣新的、固

定的身體形狀，除了要看死者過去的所作所為，也看他死亡之際處在哪種精神狀態。這就是為什麼達賴喇嘛接著在下一頁提到「……可能會引起他（瀕死者）一些負面的傾向」。

130 ⑧十不善業的其餘九項是：殺生、偷盜和妄語、兩舌、惡口、綺語以及貪欲、瞋恚、邪見。

343 ⑨在佛教的金剛乘中，上師和弟子之間有一種非常親密的關係，目的是為了讓後者能夠發現他的真正本性。一開始，弟子由於對上師的信心，得以對較深刻的真相開放自我，上師也因此讓弟子的心性逐漸成熟。修到最後，上師和弟子將合為一體，弟子會發現他的心性的真正本質，正是佛的「本體」，也就是恆久長存的智慧和慈悲。而那些依戀著上師外在形態的人，不能夠瞭解到這點，所以較之於和一般眾生的互動，他們也沒有辦法從和上師的關係裏獲得更多。

346 ⑩佛教所說的「空性」，不是指空虛，而是萬物都沒有固有的實在性(réalité intrinsèque)的意思。「緣起」的概念則和「空性」緊緊相連，兩者有時會被畫上等號。
　　⑪達賴喇嘛有時候會說，如果把神看成是一種無限的大愛，那麼這一個概念不會對佛教徒造成問題。如果我們把神當成是第一因，那麼它就會造成困擾。詳見馬修・李卡德(Matthieu Ricard)與Trinh Xuan Thuan合著的《僧侶與科學家——宇宙與人生的對談》(*L'infini dans la paume de la main*，鄭春淳編著，杜默譯，先覺出版社，台北，2003)

357 ⑫指一段極端長久的時間。阿僧祇又譯無數或無央數，是古印度的一個計算單位，指最大極限的數目。
　　⑬金剛鈴代表空性，一說智慧，是佛教中最深奧的面向之一。在密教儀式中，常常會使用到金剛鈴。達賴喇嘛這裏的說法有一種諷刺的用意，意在給予那些只滿足於儀式而不努力去瞭解佛法要義的人，一記當頭棒喝。

362 ⑭金剛乘修行者為了改變自己的靈性，所觀想的天神，並不是一些外在的神祇，而是一些自我內在現實、一己最高本性的代表形象。

364 ⑮「前置作業」指的是某些修行法門，這些法門的用處在於為心靈做好準備，讓心可以去接受、去實踐另外那些所謂的「主要修習」。

365 ⑯皈依是佛教的基本法門之一。皈依的意思就是以佛為嚮導，以佛法為道路，以佛教徒團體為道路上的伴侶。等到修習到較深的層級，或較高的階段之後，皈依的意思又指認出佛就是自己的最高本性。

中譯註

359 ❶譯文出自張澄基教授所譯的《密勒日巴傳》。

365 méditations quotidiennes du DALAÏ-LAMA
Copyright © 2003 Presses de la Renaissance
Chinese Translation Copyright © 2017 by Oak Tree Publishing,
A member of Cite Publisher
All Rights Reserved.

眾生系列 JP0024X

達賴喇嘛禪思365
365 méditations quotidiennes du DALAÏ-LAMA

作者	達賴喇嘛（H. H. Dalai Lama）
譯者	黃馨慧
法文版審閱	馬修・李卡德（Matthieu Ricard）
法　　譯 (譯自藏文)	克里斯昂・布魯亞（Christian Bruyat）
封面設計	Javick工作室
內文排版	歐陽碧智

總編輯	張嘉芳
責任編輯	李 玲
業務	顏宏紋
出版	橡樹林文化
	城邦文化事業股份有限公司
	104台北市民生東路二段141號5樓
	電話：(02)2500-7696　傳眞：(02)2500-1951
發行	英屬蓋曼群島商家庭傳媒股份有限公司城邦分公司
	104台北市中山區民生東路二段141號2樓
	客服服務專線：(02)25007718；25001991
	24小時傳眞專線：(02)25001990；25001991
	服務時間：週一至週五上午09:30～12:00；下午13:30～17:00
	劃撥帳號：19863813　戶名：書虫股份有限公司
	讀者服務信箱：service@readingclub.com.tw
香港發行所	城邦（香港）出版集團有限公司
	香港灣仔駱克道193號東超商業中心1樓
	電話：(852)25086231 傳眞：(852)25789337
	Email: hkcite@biznetvigator.com
馬新發行所	城邦（馬新）出版集團【Cité (M) Sdn.Bhd. (458372 U)】
	41, Jalan Radin Anum, Bandar Baru Sri Petaling,
	57000 Kuala Lumpur, Malaysia.
	電話：(603) 90578822　傳眞：(603) 90576622
	Email：cite@cite.com.my
印刷	韋懋實業有限公司
初版一刷	2005年12月
二版二刷	2019年6月

ISBN：986-7884-51-5
定價：400元
版權所有・翻印必究 (Printed in Taiwan)
缺頁或破損請寄回更換

國家圖書館出版品預行編目資料

達賴喇嘛禪思365／達賴喇嘛（H. H. Dalai
Lama）著；黃馨慧譯. -- 二版-- 臺北市：
橡樹林文化出版：家庭傳媒城邦分公司
發行, 2017[106]
　面；公分
譯自：365 méditations quotidiennes du
DALAÏ-LAMA
ISBN 986-7884-51-5（平裝）
1. 藏傳佛教—語錄
226.965　　　　　　　　　94021239

城邦讀書花園
www.cite.com.tw